Introdução à
Metapsicologia Freudiana

volume 1:

Sobre as afasias (1891)
O Projeto de 1895

Luiz Alfredo Garcia-Roza

Introdução à Metapsicologia Freudiana

volume 1:

Sobre as afasias (1891)
O Projeto de 1895

9ª reimpressão

ZAHAR

Jorge Zahar Editor Ltda
Marquês de S. Vicente 99 – 1º | 22451-041 Rio de Janeiro, RJ
tel (21) 2529-4750 | fax (21) 2529-4787
editora@zahar.com.br | www.zahar.com.br

9ª reimpressão: 2017

Capa: Gustavo Meyer
Ilustração: Freud em frente ao Esplanade Hotel
Londres, 1938

CIP-Brasil. Catalogação-na-fonte
Sindicato Nacional dos Editores de Livros, RJ.

Garcia-Roza, Luiz Alfredo, 1936-
G211i Introdução à metapsicologia freudiana, volume 1: sobre as
v.1 afasias (1891): O projeto de 1895 / Luiz Alfredo Garcia-Roza.
— Rio de Janeiro: Zahar, 1991.

Inclui bibliografia
ISBN: 978-85-7110-205-7

1. Freud, Sigmund, 1856-1939. 2. Metapsicologia. I. Título.

CDD: 150.1952
08-1859 CDU: 159.964.2

Sumário

Para

Livia, é claro;

para

Pedro, Ingrid e Carla;

e para

Anaïk e Laís, novos amores.

Prólogo

A bruxa metapsicologia: é desta forma que Freud se refere à metapsicologia.[1] A bruxa, a feiticeira. Não se trata, como no *Fausto* de Goethe, do recurso de um velho para recuperar a mocidade, mas da confissão de um homem, próximo da morte, perante o tribunal da inquisição intelectual: a de um íntimo convívio profano que perdurou por toda uma vida. E Freud, mais do que ninguém, acreditava na bruxa, posto que ela de fato existe.

O termo *metapsicologia* foi empregado por Freud, pela primeira vez, numa carta a Wilhelm Fliess datada de 13 de fevereiro de 1896: "Tenho-me ocupado continuamente com a psicologia — na verdade, com a

1 Freud, S., *AE*, **23**, p.228; *ESB*, **23**, p.257; *GW*, **16**, p.69. Abreviaturas empregadas:
AE: Amorrortu Editores (*Sigmund Freud — Obras completas*, B. Aires, 1976).
ESB: Edição Standard Brasileira das Obras Psicológicas Completas de Sigmund Freud, Rio, Imago, 1972-80.
GW: Gesammelte Werke, Londres, 1952.
AdA: Aus den Anfängen der Psychoanalyse, Londres, 1950.
Aphasies: Contribution à la conception des aphasies: une étude critique, Paris, PUF, 1987.

metapsicologia..." Vinte anos mais tarde, após ter concluído a redação do seu artigo sobre o narcisismo, ele inicia a redação de uma série de ensaios que pretendia publicar com o título *Preliminares a uma metapsicologia* (*Zur Vorbereitung einer Metapsychologie*). Segundo suas próprias palavras, sua intenção com essa série de textos era a de esclarecer e de aprofundar as hipóteses teóricas da psicanálise. Alguns desses artigos foram publicados entre 1915 e 1917 na *Internationale Zeitschrift für Ärzliche Psychoanalyse*: "Pulsões e destinos das pulsões", "O recalcamento", "O inconsciente", "Luto e melancolia" e "Complemento metapsicológico à teoria do sonho". Através de sua correspondência, ficamos sabendo que além dos artigos citados, Freud havia trabalhado em mais sete, e que todos juntos formariam um livro com doze capítulos. Esse livro jamais foi publicado e do conjunto dos doze artigos, sete se perderam (ou foram destruídos pelo próprio Freud). Em 1983, quando preparava em Londres o material para a publicação da correspondência entre Freud e Sándor Ferenczi, Ilse Grubrich-Simitis descobriu um manuscrito que continha, no verso da última folha, um bilhete de Freud para o seu amigo Ferenczi, no qual se referia ao artigo (contido no manuscrito) como sendo o 12º ensaio da série mencionada acima e que tinha por título *Übersicht der Übertragungsneurosen* (*Visão geral das neuroses de transferência*). Pelo resto da correspondência, ficamos sabendo do conteúdo dos ensaios restantes: *histeria de conversão, neurose obsessiva, neuroses de transferência em geral, angústia* e *consciência*. Ao que parece, Freud nunca chegou a concluir um ensaio sobre a metapsicologia da consciência. "O assunto era tão refratário a qualquer exposição e mostrava tantas lacunas e dificuldades que desisti..." (Carta a Ferenczi, datada de 11 de janeiro de 1915). Três meses mais tarde, volta a escrever: "Penso em largar o trabalho sobre o Cs e substituí-lo por um mais adequado, por exemplo, *Os três pontos de vista sobre a metapsicologia.*" Finalmente, no artigo "O inconsciente", ele escreve: "Proponho que quando consigamos descrever um processo psíquico em seus aspectos dinâmico, tópico e econômico, isso se chame uma exposição *metapsicológica.*"

Tomado nesse sentido mais amplo, o termo *metapsicologia* designa não apenas os artigos de 1915-1917, mas o conjunto da elaboração teórica de Freud, a produção de modelos conceituais afastados da experiência, ficções teóricas a partir das quais a própria experiência é radicalmente transformada. O termo *ficção teórica* pode causar estranheza. Afinal, costuma-se opor a liberdade imaginativa da ficção ao caráter rigoroso e restritivo da teoria. Mas, na verdade, produzir conceitos é inventar, é violentar o dado, ultrapassando-o. "Sem um especular e um teorizar metapsicológicos — estive a ponto de dizer: fantasiar — não se dá um passo adiante", escreve Freud. E é aqui que intervém a bruxa, é ela que por meios nem sempre muito claros, pelos caminhos da imaginação, possibilita esse passo adiante no sentido da criação, arrancando-nos da pasmaceira do dado e ao mesmo tempo impedindo que o formalismo teórico nos paralise.[2]

2 Sobre a relação da ficção com a teoria na metapsicologia freudiana, assim como sobre o próprio conceito de metapsicologia, ver o belo artigo de Renato Mezan: "Metapsicologia/Fantasia", in: *Freud 50 anos depois*, Rio, Relume/Dumará, 1989 (org. J. Birman).

A proposta desta *Introdução à metapsicologia freudiana* não é, a partir de um lugar exterior, apontar caminhos facilitadores que conduzam o leitor a uma verdade já pronta. Trata-se, ao contrário, de introduzi-lo *na* metapsicologia freudiana, isto é, de juntos freqüentarmos a cozinha da bruxa. Isto implica refazermos o percurso empreendido por Freud na elaboração de sua teoria. E trata-se de um longo caminhar, feito de avanços e recuos, além de alguns descaminhos. Nesse percurso podemos distinguir textos que são balizadores da construção teórica de Freud, momentos de criação de conceitos fundamentais ou momentos de produção de modelos de aparelho anímico. Esses textos funcionarão como referenciais para a divisão desta exposição. Seria desaconselhável tentá-la num único volume, resultaria num livro de grandes proporções, oneroso para o editor e maçante para o leitor. Daí minha preferência por dividi-lo em volumes menores.

Este primeiro volume abarca os textos com os quais Freud inicia seu percurso metapsicológico: *Para uma concepção das afasias* (1891) e o *Projeto de psicologia* (1895), além da *Carta 52* (de 6 de dezembro de 1896). Os volumes seguintes tomarão como referência central os textos de *A interpretação de sonhos* (1900), *Trabalhos de metapsicologia* (1914-1917), *Além do princípio de prazer* (1920), *O eu e o isso* (1923) e *O mal-estar na cultura* (1929). Isto não significa que apenas estes textos serão discutidos, mas sim que eles servirão como pontos de parada obrigatória a partir dos quais serão feitas incursões pelos caminhos vicinais.

Uma observação se faz ainda necessária. *Metapsicologia* é sinônimo de *teoria* em psicanálise, portanto, de um modo de exposição que se afasta deliberadamente das descrições clínicas. Não se trata, porém, de uma recusa da clínica; trata-se, ao contrário, de fornecer-lhe fundamentos que impeçam sua transformação numa prática gentil do afetivo puro. Opor teoria e clínica, de modo que uma exclua a outra, corresponde a negar o próprio projeto freudiano. Para aqueles que insistem em não acreditar em bruxas, Freud adverte que elas existem. Pelo menos a bruxa metapsicologia.

Introdução

Num trabalho anterior,[1] incluí o *Projeto de 1895* num capítulo sobre a *pré-história* da psicanálise. Essa inclusão definia, na época, uma posição quanto ao estatuto epistemológico do texto em questão. Tratava-se de saber se havia ou não uma ruptura entre o *Projeto* e *A interpretação de sonhos,* o primeiro sendo um texto pré-psicanalítico e o segundo sendo já um texto autenticamente psicanalítico. O que então orientava minha tomada de posição era a idéia de que uma ciência não se caracteriza como autônoma e irredutível às demais ciências enquanto os seus conceitos fundamentais não estão definidos e razoavelmente articulados com os demais conceitos de modo a formar um corpo teórico que se sustente minimamente. Ora, se admitirmos que alguns dos conceitos fundamentais da teoria psicanalítica, como os de *inconsciente, recalcamento, pulsão, transferência,* dentre outros, ainda não haviam sido elaborados por Freud, ou que se encontravam apenas insinuados no texto do *Projeto,* era razoável situá-lo como pré-psicanalítico. Havia ainda o fato de que a terminologia do *Projeto* era acentuadamente neurológica e fisicalista.

1 Garcia-Roza, L.A., *Freud e o inconsciente,* Rio, Zahar, 1984.

Bastaria, pois, assinalar o caráter absolutamente inovador dos capítulos 6 e 7 de *A interpretação de sonhos* e sua articulação harmoniosa com os textos que a ele se seguiram, para que se relegasse os textos anteriores a 1900 a um período pré-histórico: Freud neurologista, Freud fisicalista, Freud discípulo de Meynert, etc.

Felizmente os gênios conseguem sobreviver aos comentadores.

Um dos enganos que a meu ver cometemos é o de supor que Freud tenha construído um sistema acabado, perfeitamente coerente, sem falhas, sem fendas, sem hesitações, sem a mínima contradição. E se encontramos uma mínima contradição, ou mesmo se uma hesitação teórica se faz sentir, imediatamente cuidamos de tamponar essas faltas para que o sistema recupere sua inteireza.

Na verdade, esse engano pode ser duplo: primeiro, o de supor que o autor elaborou um sistema; segundo, o de não levar em conta que as contradições encontradas possam ser devidas a nossa má leitura.

Isto não quer dizer que a obra de Freud não deva ser considerada como um todo ou que ele não seja responsável por algumas de suas partes; o que quero ressaltar é que nada indica que Freud tenha construído uma obra na qual cada texto novo ou cada conjunto de textos novos substitua os anteriores, num aperfeiçoamento crescente do que seria um sistema.

A construção da teoria psicanalítica avançou por revisões e acréscimos, a partir de uma concepção inicial apenas esboçada. Essa construção teve ainda que levar em conta a necessidade didática de transmitir uma teoria e uma prática que tinham tudo para desagradar a mentalidade cientificista do início do século.

A proposta atual de retornar ao texto do *Projeto* não significa, de modo algum, um retorno ao ponto de vista neurológico ou mesmo fisicalista que marcaram as leituras que dele foram feitas; significa, de minha parte, uma mudança de opinião quanto ao valor do *Projeto*. Se sob certos aspectos continuo aceitando a denominação de "pré-psicanalítico", e isto porque nele ainda estão ausentes conceitos fundamentais da teoria propriamente psicanalítica, sob outros aspectos considero-o não mais como o último suspiro do neurologista Freud, mas como o texto que pode ser considerado como uma introdução/primeira parte da teoria que Freud vai desenvolver.

Freud, neurologista ou não, com seu sonho de construir um aparelho da alma. No entanto, seu primeiro passo não é o do *Projeto de 1895*, mas um texto de 1891 que permaneceu, durante praticamente um século, ignorado pelos comentadores: *Para uma concepção das afasias: um estudo crítico* (*Zur Auffassung der Aphasien: eine kritische Studie*). Texto surpreendente, no qual o *aparelho de linguagem* produzido por Freud transborda seus próprios limites para se constituir no primeiro modelo de *aparelho anímico*. No entanto, apesar da dedicatória a Josef Breuer, o trabalho não foi reconhecido pelos neurologistas e permaneceu inteiramente ignorado pela psicologia dita científica. Seu destino foi semelhante ao do *Projeto*: o de permanecer desconhecido.

Uma das idéias mais importantes para a qual aponta o texto sobre as afasias, a da *escritura psíquica*, ressurge numa carta a Fliess (a *Carta 52*), datada de 6 de dezembro de 1896, texto que opera a passagem de *Afasias* e *O Projeto* para *A interpretação de sonhos*, e onde já vemos esboçado o modelo de aparelho psíquico do capítulo 7.

Para uma concepção das afasias, O Projeto de 1895 e a *Carta 52* são os textos que servem de referência central para este primeiro volume do *Introdução à metapsicologia freudiana.*

1

Sobre as Afasias (1891)

[Zur Auffassung der Aphasien: eine kritische Studie]

A respeito desse escrito que inaugura a série dos trabalhos teóricos de Freud, o próprio autor expressa a seguinte opinião numa carta a Fliess datada de 2 de maio de 1891: "Nele, sou muito despudorado, terço armas com seu amigo Wernicke, com Lichtheim e Grashey, e chego até a arranhar o poderosíssimo ídolo Meynert."

Trata-se, portanto, de um combate cujo campo de batalha é indiscutivelmente a neurologia, e pela observação de Freud, não há mortos, mas apenas feridos e mesmo assim o mais poderoso dos adversários sofre apenas alguns arranhões. Os adversários são claramente nomeados — Wernicke, Lichtheim, Grashey —, Meynert permanece como uma mistura de mentor intelectual e candidato a arquiinimigo. A batalha será travada em torno da questão das afasias.

1. A teoria das localizações cerebrais.

O que de melhor havia na literatura médica sobre a afasia,[1] até 1891, estava contido nos estudos de Wer-

[1] A afasia é, num sentido lato, um distúrbio da memória, e num sentido estrito, uma perturbação de linguagem. Distinguem-se comumente dois tipos de afasia: a *afasia sensorial* e a *afasia motora*. Na primeira, há uma perda da compreensão da linguagem, embora seja mantida a capacidade da pessoa de se servir da linguagem articulada; na segunda, a pessoa perde a capacidade de pronunciar as palavras, embora mantenha a compreensão do que as pessoas dizem.

nicke, Lichtheim, Grashey, Hughlings Jackson, Bastian e Charcot, todos citados por Freud logo no primeiro parágrafo do seu livro. Não há entre eles identidade de pontos de vista, sendo que sob alguns aspectos Hughlings Jackson e Charcot colocam-se em oposição a Grashey, Lichtheim e Wernicke. E é nas teorias destes últimos que Freud se detém mais demoradamente em sua análise. As teorias desses autores continham duas hipóteses que Freud se propõe refutar. Como essas hipóteses foram absorvidas pela teoria de Wernicke e consideradas por ele como fundamentais, Freud dirige sua crítica à teoria de Wernicke em particular.

A primeira hipótese afirma uma distinção entre a afasia decorrente da destruição de *centros* e a decorrente da destruição das *vias de condução;* a segunda hipótese refere-se às relações recíprocas entre os diferentes centros responsáveis pela linguagem. Estas duas hipóteses implicam a redução das funções do sistema nervoso a regiões anatomicamente determinadas, o que ficou conhecido como *teoria das localizações cerebrais.*

O ponto de partida da teoria das localizações foi uma comunicação feita por Paul Broca à *Sociedade Anatômica de Paris*, em 1861, com o título *Sur le siège de la faculté du langage articulé avec deux observations d'aphemie.*[2] A partir de dissecções feitas em cérebros humanos, Broca conclui que uma lesão da terceira circunvolução do lobo frontal esquerdo tem como conseqüência a perda total ou uma redução acentuada da linguagem articulada, permanecendo as outras

2 *Afemia* é a perda da memória para palavras.

funções da linguagem, assim como a inteligência, intactas. Treze anos depois, Wernicke publica *Der aphasische Symptomencomplex* (*O complexo sintomático da afasia*), pequeno escrito no qual ele descreve, também a partir de dados fornecidos pela autópsia cerebral, o correlato sensorial da afasia motora de Broca: a perda da compreensão da linguagem com a manutenção da capacidade da fala. A partir de então, a linguagem fica referida, em termos do cérebro, a um *centro motor* (área de Broca), a um *centro sensorial* (área de Wernicke) e a um sistema de fibras de associação ligando as duas áreas.

A perspectiva que se abre com as teses de Broca e de Wernicke, particularmente a partir dos trabalhos deste último, é a de se poder articular os diversos distúrbios da linguagem observados na clínica a lesões cerebrais localizadas, além de uma compreensão do processo fisiológico da linguagem como sendo um reflexo cerebral. No entanto, essa perspectiva não se mostrou tão sólida e isenta de conflitos como pretendiam os defensores da abordagem patológico-anatômica dos distúrbios da linguagem. Quanto a estender a idéia de centros às funções psíquicas em geral, o próprio Wernicke se coloca numa posição prudentemente restritiva. Somente as funções mais elementares podem ser localizadas, diz ele, funções complexas implicam a articulação de várias áreas corticais através de um sistema de associações, não podendo ser localizadas numa área única. Em se tratando, porém, de excitações sensoriais elementares, Wernicke afirma que elas deixam no córtex cerebral traços duráveis que são conservados em células isoladas. Segundo ele, os muitos milhões de corpos celulares do córtex cerebral são suficientes para armazenar sem dificuldade cada uma das impressões sensoriais decorrentes do mundo exterior. A estes resíduos de excitações passadas, Wernicke chama de "imagens mnêmicas".[3] Enquanto as imagens mnêmicas dos movimentos da linguagem são conservadas no centro motor (área de Broca), as imagens sonoras são armazenadas no centro sensorial (área de Wernicke). Uma lesão em um destes centros (sensorial ou motor) terá como conseqüência a afasia sensorial ou a afasia motora. Além da afasia decorrente de uma lesão central, Wernicke propõe ainda uma *afasia de condução*, decorrente de lesão nas *vias de associação* entre os centros, particularmente na região da ínsula. A função da ínsula é associar a imagem sonora verbal à imagem motora verbal, e a destruição desta associação (afasia de condução) provoca o distúrbio da linguagem que Freud denomina de *parafasia* (sem, no entanto, concordar com a causa apontada por Wernicke).

Freud critica na concepção de Wernicke o fato de ele representar o aparelho da linguagem sem levar em conta a relação que este aparelho possa ter com o resto da atividade cerebral. O desenvolvimento feito por Lichtheim da teoria de Wernicke não elimina certos problemas que Freud considera insolúveis se for mantida a concepção inicial de Wernicke relativa aos centros e aos sistemas de associação, o que significa manter a distinção entre afasia central e afasia de condução. O fato é que a maioria dos pesquisadores que vieram depois de Wernicke mantiveram sua idéia básica de que as perturbações da linguagem observa-

3 Cf. Freud, S., *Contribution à la conception des aphasies*, Paris, PUF, 1987, p.53. (Doravante designada *Aphasies*.)

das na clínica possuem um fundamento anatômico que é ou a destruição de centros da linguagem ou a destruição das vias de associação entre os centros.

Na opinião de Freud, não apenas a afasia de condução de Wernicke não existe, como certas perturbações descritas por Wernicke e por Lichtheim em nada diferem das confusões e mutilações de palavras feitas por pessoas normais quando fatigadas, desatentas ou sob a influência de afetos perturbadores.[4] Quando Freud declara que "a afasia de condução de Wernicke não existe", ele não está negando a existência dos distúrbios da linguagem observados por Wernicke na clínica, mas sim negando que se trate de "afasia de condução", isto é, de um distúrbio decorrente da destruição da via de associação entre o centro motor e o centro sensorial.

O que Wernicke denomina de "afasia de condução", Freud denomina "parafasia", conferindo-lhe um sentido muito mais amplo do que o conferido por Wernicke à afasia de condução. Trata-se, segundo ele, não de uma perturbação decorrente da destruição da via de conexão entre o centro motor e o centro sensorial, mas sim de *um sintoma puramente funcional*, um índice de uma menor eficiência funcional do aparelho da linguagem considerado como um todo.

De alguma forma, Wernicke já dera um primeiro passo nessa direção ao distinguir uma afasia de centros e uma afasia de condução. Esta última, que corresponde de forma aproximada à parafasia de Freud, era já vista por ele como referida à associação entre

4 Freud, *Aphasies*, pp.62-63.

centros e não aos centros eles mesmos. Um outro ponto que Freud reconhece como importante na teoria de Wernicke é a afirmação de que a teoria da localização responde pelas funções elementares, mas que em se tratando de representações complexas era necessário recorrer a sistemas de associação articulando as diversas áreas corticais. Tanto Wernicke como Lichtheim reconhecem que a função do centro motor da linguagem depende não apenas da integridade deste centro, mas também da integridade de sua conexão com o centro sensorial. Se Freud de alguma maneira se beneficia destes aspectos da concepção de Wernicke e de Lichtheim, isto não o transforma em beneficiário da teoria das localizações. Quer se trate das parafasias em particular ou dos processos psíquicos em geral, Freud é de opinião que não podemos procurar o substrato fisiológico da atividade mental na função desta ou daquela parte do cérebro, mas como resultado de processos que abarcam o cérebro em toda sua extensão.[5]

2. *A hipótese funcional.*

Após analisar os casos de afasia descritos a partir da concepção de Wernicke e Lichtheim, e de expor vários quadros cuja sintomatologia é incompatível com a concepção destes autores, Freud conclui pela impossibilidade de uma explicação fundada exclusivamente na hipótese da localização. Tomando como

5 Freud, *Aphasies*, pp.67-68.

referência um tipo de perturbação da linguagem denominada *afasia motora transcortical*, propõe uma explicação fundada na hipótese funcional, sendo que o termo "funcional" tem para Freud dois sentidos: no primeiro sentido, "funcional" designa a natureza da relação entre a estrutura do cérebro e o seu modo de funcionamento; no segundo sentido, ele diz respeito ao fato de que os distúrbios observados na clínica podem ser determinados tanto pela extensão da área cortical lesada como pelas unidades danificadas.[6]

No caso de uma lesão cerebral, duas hipóteses poderiam se verificar quanto ao aparelho de linguagem: 1ª) A parte lesada do aparelho tornar-se-ia inativa, enquanto que outras partes não atingidas funcionariam normalmente; 2ª) O aparelho reagiria como um todo, de forma solidária, apresentando um enfraquecimento na sua função, sem demonstrar uma deficiência em suas partes isoladas.

Segundo Freud, no caso de lesões destrutivas, o aparelho de linguagem responde de acordo com a segunda hipótese acima, isto é, responde à lesão de forma solidária, como um todo, apresentando uma perturbação funcional. Assim, na primeira hipótese apresentada acima, no caso de uma pequena lesão na circunvolução central anterior, a perturbação decorrente dela pode ser, por exemplo, uma paralisia dos músculos do polegar. Em se tratando do aparelho de linguagem, uma pequena lesão do centro motor não apresentará como efeito a perda de cinqüenta ou cem palavras cuja natureza dependa do local da lesão, o

6 Cf. Levin, K., Freud: *A primeira psicologia das neuroses*, Rio, Zahar, 1980, p.78.

que ocorre é uma redução geral da funcionalidade do centro como um todo.[7]

3. O aparelho de linguagem.

Já nas primeiras páginas de *Afasias*, Freud introduz o termo *Spracheapparat* (aparelho de linguagem), sem maiores explicações, como se se tratasse de algo banal aos olhos e ouvidos da época. O fato de Meynert já ter feito uso do termo *Seelenapparat* (aparelho da alma),[8] que poderia sugerir alguma semelhança com o *Spracheapparat* de Freud, não torna este último um termo familiar aos neurologistas da época. De fato, embora os termos guardem alguma semelhança (semelhança esta que é ainda maior com o *seelischer Apparat* da segunda tópica freudiana), Meynert está muito mais próximo, conceitualmente, de Wernicke do que de Freud. O aparelho da alma, de Meynert, é um aparelho neuro-anatômico regido pela "mecânica do cérebro". O que Freud nos oferece com seu conceito de aparelho de linguagem é algo muito diferente, irredutível às teorias de Wernicke e Meynert. Freud não apenas "arranhou o poderosíssimo ídolo Meynert", como ele diz em sua carta a Fliess, mas na verdade colocou em questão toda a neurologia da época, sobretudo a do "poderosíssimo Meynert", seu professor e orientador na Universidade de Viena.

Num dos poucos estudos existentes sobre este período inicial da produção teórica de Freud, Jacques

7 Freud, *Aphasies*, p.81.
8 Cf. Nassif, J., *Freud l'inconscient*, Paris, Galilée, 1977, p.266.

Nassif[9] propõe traduzir *Spracheapparat* por "*appareil à langage*" e não por "*appareil du langage*", segundo ele, para bem marcar que a linguagem é um *efeito* do funcionamento deste aparelho, e não o aparelho um *instrumento* da linguagem. Independentemente da razão alegada por Nassif, em português teríamos que traduzir "appareil à langage" por "aparelho *para* a linguagem" ou por "aparelho *à* linguagem", ambas as traduções muito artificiais para o leitor brasileiro. Embora eu concorde que em certos casos uma tradução malfeita possa desencadear uma série de mal-entendidos teóricos, não creio que seja este o caso do *Spracheapparat*. Prefiro manter a tradução "aparelho de linguagem" e precisar seu significado no decorrer desta exposição.

Não há nenhuma indicação clara, no texto de Freud, de que ele esteja pretendendo oferecer ao leitor mais do que uma contribuição à concepção das afasias, e nem de que, no que diz respeito ao aparelho de linguagem, este seja mais do que um aparelho de linguagem. Quero dizer, não há nenhuma intenção declarada, como há no *Projeto*, de oferecer uma concepção do aparelho da alma (ou aparelho psíquico, se preferirmos). Trata-se de uma crítica da concepção de Wernicke sobre as afasias, crítica esta que atinge todos os adeptos da teoria da localização, não se tratando, portanto, de uma proposta explícita de construção de um modelo teórico de aparelho psíquico e sim de algo mais restrito, concernente apenas à linguagem. No entanto, e este é um ponto importante, é precisamente

9 Nassif, J., op. cit., p.266n2.

pelo fato de este aparelho dizer respeito à linguagem que ele vai poder funcionar como modelo para se pensar o inconsciente, o que o transforma no primeiro aparelho da alma, antecipando-se àqueles que Freud nos apresenta no *Projeto de 1895* e em *A interpretação de sonhos*.[10]

A compreensão da contribuição genial que Freud faz nesse texto levou alguns comentadores mais entusiasmados a afirmarem que nele "Freud faz lingüística e, em bastantes aspectos, muito para além da posição de Jakobson...".[11] O entusiasmo do comentador é compreensível, posto que em *Afasias* já está presente não apenas a superação da distinção rígida entre o normal e o patológico (como quando Freud afirma que a parafasia que observamos em alguns doentes não se distingue fundamentalmente daquela que podemos observar em pessoas normais quando sob efeito do cansaço ou sob efeito de estados emocionais intensos), como podemos também encontrar uma antecipação da teoria sobre o ato falho, o chiste e o lapso como exemplos vivos de condensação e de deslocamento operados pela linguagem. Não creio, porém, que isto faça do texto de Freud um texto de lingüística. Que *Afasias* contenha notáveis antecipações de textos psicanalíticos apontados como inaugurais, é algo com o qual podemos concordar, mas que nele Freud faça lingüística, não é uma afirmação que nos ajude a compreendê-lo no que ele tem de ruptural em relação aos textos dos mestres citados pelo próprio

10 Cf. Nassif, J., op. cit., p.265.

11 Verdiglione, A., "Matemática do inconsciente", introdução à tradução italiana do texto de Freud sobre as afasias (Marsilio Editori, 1977).

Freud. O texto de Freud é um texto de neurologia. O que podemos dizer é que, enquanto texto de neurologia, ele dá lugar a questões que ultrapassam em muito as da neurologia da época, e que aponta para uma problemática que não é mais, sequer, a da própria neurologia, mas que também não é a da lingüística, mas sim a da psicanálise.

Zur Auffassung der Aphasien é um texto de neurologia, e é também o texto de um clínico que, a partir da escuta do discurso do afásico, pretende articular as perturbações de linguagem encontradas na clínica com perturbações funcionais do aparelho de linguagem, aparelho este que ele descreve em termos estritamente neurológicos. Trata-se de discutir a possível determinação da relação entre uma lesão orgânica e uma perturbação funcional, ao invés de se supor uma causalidade mecânica a partir de lesões em centros específicos. A noção de *perturbação funcional*, introduzida por Freud ainda na parte inicial do texto,[12] é de fundamental importância. O termo *perturbação funcional* designa uma série de efeitos que devem ser relacionados com o funcionamento global do aparelho, ao invés de serem explicados em termos de uma relação mecânica entre o clinicamente observado e o anatômico.[13]

Não se deve depreender da abordagem funcionalista de Freud que ele recusa qualquer referência a lugares anatômicos. O que ele nos obriga a fazer é repensar a questão da relação entre funções e localizações, os elementos tópicos sendo submetidos a ar-

12 Freud, *Aphasies*, p.80.
13 Cf. Nassif, J., op. cit., p.301.

ranjos e rearranjos que obedecem a exigências funcionais.[14] A antiga teoria da localização afirmava uma relação ponto a ponto entre os *estímulos* provenientes do mundo externo e *representações* localizadas em determinados pontos do córtex cerebral, de tal forma que as representações corresponderiam a uma projeção dos elementos da periferia. A condução da excitação, da periferia ao córtex, era concebida como sendo feita pelas fibras nervosas, puros condutores que não interferiam no processo de condução (quando isto ocorria era no sentido de provocar uma perturbação do processo). A idéia central desta concepção, que é a dominante na época em que Freud escreve o *Afasias*, é a de que as fibras nervosas devem permanecer imutáveis com a passagem da excitação, devendo apenas fazer a ligação entre a periferia e o centro. Sobre essa concepção ele escreve o seguinte: "Na psicologia, a simples representação é para nós algo de elementar, que podemos distinguir nitidamente das suas ligações com outras representações. Chegamos assim à hipótese de que também seu correlato fisiológico, a saber, a modificação que provém da excitação da fibra nervosa que termina no centro, seja igualmente alguma coisa de simples que possa ser localizada num ponto. *Uma tal transposição é evidentemente de todo injustificada...*"[15] O que está sendo recusado aqui é a idéia de que, por um lado, a representação é uma cópia da impressão e está localizada na célula nervosa do córtex, e por outro, que as associações entre as representações se fazem em outro lugar, nas massas fibrosas

14 Freud, *Aphasies*, p.103.
15 Freud, *Aphasies*, p.105 (o grifo é meu).

brancas, por exemplo, ao invés de se darem ambas, representações e associações, no córtex. Freud também recusa a idéia de que as fibras nervosas sejam meros condutores neutros sem nenhuma interferência sobre a transmissão da excitação que não seja uma interferência perturbadora. "Se nós seguirmos uma via sensível (centrípeta) até aonde ela nos é conhecida (...) somos obrigados a aceitar a idéia de que uma fibra em seu caminho para o córtex muda de significação funcional...",[16] sendo que esta mudança é maior em se tratando da condução da sensibilidade da pele e dos músculos do que, por exemplo, a que ocorre na transmissão de uma impressão retiniana. A transmissão de uma impressão, seja ela qual for, não se faz de forma simples e linear, mas através de sistemas de condução passando por estágios distintos que diminuem sua intensidade (por *complexão*, como veremos no *Projeto*). Essa mudança de significação funcional corresponde a uma *tradução*, implicando uma *estrutura de código* que estabelece a comunicação entre as excitações provenientes da exterioridade e o receptor do tecido cortical.[17]

4. *O fisiológico e o psicológico.*

Vimos que a crítica de Freud à teoria da localização das faculdades psíquicas encontra um tímido precedente no próprio Wernicke quando este afirma que apenas em relação aos elementos psíquicos mais sim-

16 Freud, *Aphasies*, pp.102-103.
17 Cf. Nassif, J., op. cit., p.313.

ples a teoria seria aplicável. E Freud pergunta se não estaríamos incorrendo no mesmo erro de princípio, quer aceitemos a localização de elementos simples, quer a de conceitos complexos ou de atividades mentais consideradas como um todo. A própria noção de *mudança de significação funcional* que vimos acima, com referência à fibra nervosa, tornaria insustentável a hipótese localizacionista tanto quando aplicada a atividades complexas como quando aplicada a elementos simples. O que está em causa aqui é a idéia de que uma representação seja o efeito mecânico da estimulação periférica, ou mais amplamente, a idéia de que o processo psicológico seja um epifenômeno ou uma duplicação mecânica do processo fisiológico. "A cadeia dos processos fisiológicos no sistema nervoso não se encontra provavelmente numa relação de causalidade com os processos psíquicos. Os processos fisiológicos não cessam ao se iniciarem os processos psíquicos. Ao contrário, a cadeia fisiológica prossegue, só que a partir de um certo momento, um fenômeno psíquico corresponde a um ou a muitos dos seus elos. O processo psíquico é assim paralelo ao processo fisiológico (*a dependent concomitant*)."[18] Um concomitante dependente e não um efeito mecânico. O paralelismo afirmado por Freud exclui qualquer reducionismo simplista. O empirismo de Freud, tal como o de Hume, implica a possibilidade do *novo*, de algo que não se encontra contido no dado sensorial elementar.

18 Freud, *Aphasies*, p.105.

A partir deste ponto, a noção de "impressão" é substituída pela de "correlato fisiológico", substituição esta que corresponde à passagem da noção de "elemento" para a noção de "processo". Não se trata mais de estabelecer uma relação mecânica entre elementos sensoriais (impressões) e elementos psíquicos (representações), mas de assinalar o paralelismo entre duas ordens de processos: "Qual é o correlato fisiológico da representação simples ou da que reaparece em seu lugar?", pergunta Freud. "Evidentemente nada de quiescente mas algo da natureza de um processo".[19] Esse processo, que se inicia numa determinada área do córtex encefálico difunde-se, a partir desse ponto inicial, por todo o córtex, ao longo de vias particulares. É esta modificação no córtex que tornará possível a recordação, isto é, a possibilidade de essas mesmas vias serem novamente percorridas quando a mesma área cortical for novamente excitada. Freud ainda não dispunha nesta época do conceito de *inconsciente* (entendido como um sistema psíquico), daí afirmar que "é extremamente duvidoso que a essa modificação corresponda também algo de psíquico; a nossa consciência não apresenta nada que possa justificar do lado psíquico o nome de *imagem mnésica latente*",[20] mas se o mesmo estado cortical se repete, ressurge o psíquico sob a forma de uma imagem mnêmica. A idéia

19 Freud, *Aphasies*, p.106.

20 Freud, *Aphasies*, p.106. É no entanto instigante o fato de encontrarmos no artigo "Histeria", de 1888, a afirmação de que "a evolução dos distúrbios histéricos muitas vezes exige uma espécie de incubação, ou melhor, um período de latência, durante o qual a causa desencadeante continua atuando *no inconsciente*". E não há qualquer dúvida quanto ao emprego substantivo do termo — *das Unbewusste*.

de um processo que se dá ao longo de caminhos particulares, deixando no córtex uma modificação que torna possível a recordação, prenuncia a importância que será concedida à noção de *Bahnung*, central no *Projeto* de 1895.

Um aparelho funcionando em termos de processos: esta é a concepção que vai tomando corpo a partir da crítica de Freud a Wernicke, Lichtheim e Meynert. Não há mais possibilidade, a partir deste ponto, de se separar *representação* de *associação*; ambos dizem respeito, segundo Freud, a um mesmo processo. É impossível termos uma sensação sem a associação; não se tratam de dois processos, mas de dois aspectos de um mesmo processo, de tal forma que localização de uma representação em nada difere da localização do seu correlato, ambos tendo início num ponto do córtex e abarcando uma certa extensão através de "caminhos particulares". As noções de *processo* e de *aparelho* passam a ser solidárias.[21] "Sensação" e "associação" correspondem a dois aspectos de um mesmo processo, processo este que é unitário e indivisível, e não a dois processos distintos correspondendo a regiões diferentes do sistema nervoso. Volto a assinalar que isto não significa uma recusa a que se fale de "lugares" e de "localizações", mas sim que a localização de uma representação é a mesma que a localização do seu correlato fisiológico. Um outro aspecto da concepção freudiana é que não apenas o processo é unitário e indivisível, isto é, não há dualidade entre a impressão e a associação, mas o próprio aparelho psíquico é

21 Cf. Nassif, J., op. cit., p.318.

unitário e indivisível, isto é, que ao texto psíquico corresponde, como correlato, um tecido fisiológico que lhe serve de suporte. Não há relação de causalidade entre o fisiológico e o psíquico, mas um paralelismo ou uma correspondência entre o processo fisiológico sensorial, o processo nervoso no nível cortical e o processo psicológico que é o registro próprio da representação.

A idéia do psicológico como um simples efeito mecânico do fisiológico já havia sido denunciada por Hughlings Jackson, a quem Freud rende homenagem, transcrevendo a seguinte passagem: "Em todos os nossos estudos de enfermidades do sistema nervoso temos de precaver-nos contra o engano de que estados físicos nos centros inferiores transformam-se em estados psíquicos nos centros superiores; por exemplo, que as vibrações dos nervos sensoriais se tornam sensações ou que, de um outro modo, uma idéia produz um movimento."[22] Assim, não apenas é recusada uma concepção epifenomenista do processo psíquico, como, em função do caráter estrutural da organização neuronal, da não-dissociação entre representação e associação, a representação é entendida por Freud não como representação de um objeto, mas como a diferença entre duas séries de associações.[23]

É, porém, no que diz respeito especificamente ao problema da linguagem, que Freud rende as maiores homenagens a Hughlings Jackson. A concepção jacksoniana, de que o aparelho de linguagem apresenta diferentes níveis funcionais sob diferentes condições

22 *Brain*, I, 1878-1879, p.306 (citado por Freud, *Aphasies*, p.106n).
23 Nassif, J., op. cit., p.320.

patológicas, foi um poderoso reforço à crítica freudiana da teoria das localizações. Jackson defendia a teoria da retrogressão funcional no caso da afasia. Segundo sua teoria, há, na afasia, uma perda regular da habilidade lingüística, de tal forma que os níveis mais complexos e refinados se perdem primeiro enquanto que os níveis mais primitivos são conservados durante um tempo maior, sendo os últimos a serem atingidos. Jackson concebe essa retrogressão como uma involução, isto é, uma passagem do mais organizado e diferenciado para o menos organizado e menos diferenciado, como um processo que segue o sentido inverso do evolutivo.

5. *O território da linguagem* (das Sprachgebiet).

Na conclusão do capítulo 5 de *Afasias*, Freud faz um resumo de suas conquistas teóricas: "Rejeitamos portanto as hipóteses segundo as quais o aparelho de linguagem é constituído de centros distintos, separados por regiões corticais isentas de funções, e além disso as hipóteses segundo as quais as representações (imagens mnêmicas) que servem para a linguagem estejam acumuladas em determinadas áreas corticais denominadas centros, enquanto que a associação dessas representações é assegurada exclusivamente pelos feixes de fibras brancas subcorticais. Só nos resta pois formular a concepção segundo a qual a *região cortical da linguagem é uma área contínua do córtex*, no interior da qual se efetuam, com uma complexidade que desafia a compreensão, as associações e as transferências sobre as quais repousam as funções da linguagem".[24] É essa a idéia de um território da linguagem constituído por uma *área cortical contínua* que vai permitir a Freud conceber um *aparelho de linguagem* entendido como um campo de associações e de transferências (*Associationen und Übertragungen*).

Aqui já temos uma concepção que difere fundamentalmente daquelas defendidas por Wernicke, Lichtheim e Meynert, e bastante distanciada do elementarismo de Locke e de seus seguidores. No que se refere à representação, as diferenças, até este ponto da exposição, já são notáveis: em primeiro lugar, porque a representação não é mais concebida como estando contida na célula nervosa; em segundo lugar, porque ela não é mais pensada com independência das associações; em terceiro lugar, porque ela não é mais vista como um efeito mecânico da estimulação periférica, uma simples projeção da periferia; finalmente, a idéia de Freud segundo a qual a representação deve ser entendida como a diferença entre duas séries de associações, isto é, como diferença entre séries de processos do aparelho. Para isto, o aparelho tem que ser concebido em termos estruturais e não em termos de uma soma de áreas corticais distintas. O território da linguagem define um lugar que é concebido por Freud como uma totalidade, como algo que não pode ser dividido ou fragmentado em "centros", mas como algo unitário e indivisível, e somente em relação a algo deste tipo podemos empregar o termo "aparelho".

A antiga distinção feita por Wernicke entre afasia sensorial e afasia de condução, ou entre afasia motora

24 Freud, *Aphasies*, p.112.

e afasia de condução, como decorrentes de lesões nas áreas sensorial ou motora, de um lado, e de lesão nas vias de condução, de outro, fica descartada por Freud. Para ele, todas as afasias podem ser pensadas como repousando, em última instância, sobre uma interrupção da condução, isto é, sobre uma ruptura da associação. "Uma afasia por destruição ou lesão de um *centro* não é para nós nem mais nem menos do que uma afasia causada por uma lesão das vias de condução que se encontram no ponto nodal chamado centro."[25]

6. Aparelho de linguagem e efeito de sujeito.

J. Nassif[26] emprega o termo "efeitos de sujeito" para designar os fragmentos do discurso afásico produzindo alterações no discurso bem-formado. A boa forma do discurso corrente seria subvertida pela emergência das manifestações afásicas.

É a partir da recusa de Freud em aceitar que o princípio de Broussais possa ser aplicado às perturbações da linguagem, que a noção de "efeito de sujeito" pode ser pensada. O denominado *princípio de Broussais* (que na verdade pode ser remontado a Bichat) pretende estabelecer uma relação entre o fisiológico e o patológico de modo a negar ao patológico qualquer possibilidade de criar algo de novo, um princípio que poderia ser enunciado da seguinte forma: "Nada há no patológico que não tenha estado antes no fisiológi-

25 Freud, *Aphasies*, p.117.
26 Nassif, J., op. cit., p.338.

co" ou "O patológico não cria nada de novo". Para Broussais, a excitação é o fato vital fundamental, e todos os transtornos, físicos ou psíquicos, são decorrentes da deficiência ou do excesso de excitação. Assim, uma excitação, ao se desviar do seu estado normal, produz um estado anormal, sendo que este último nada contém que não seja decorrente da excitação.

Ora, Freud não apenas recusa às chamadas patologias da linguagem um caráter tão marcadamente patológico, já que os mesmos distúrbios podem ocorrer em pessoas sem nenhuma lesão cerebral, em decorrência apenas do cansaço ou de situações emocionais intensas, como admite que o funcionamento da linguagem pode ser definido precisamente como a criação do novo. É o que Nassif assinala ao afirmar que "os fragmentos de discurso afásico não têm outro papel que o de subverter a essência do discurso bem-formado. Os exemplos aparecem como *efeitos de sujeito*".[27]

O termo "efeitos de sujeito" deve ser tomado aqui não apenas com referência aos discursos dos afásicos considerados por Freud como exemplo, mas também referido ao próprio Freud enquanto produtor do discurso sobre a afasia. É inevitável, aqui, a referência à passagem de Lacan segundo a qual "a psicanálise nos lembra, então, que os fatos da psicologia humana não se poderiam conceber na ausência da função do sujeito definido como efeito do significante",[28] ou ainda: "Consideremos agora a noção de sujeito. Quando se a introduz, introduz-se a si mesmo. O homem que lhes

[27] Ibid.
[28] Lacan, J., *O seminário*, Livro 11, Rio, Zahar, 1979, p.196.

fala é um homem como os outros — serve-se da má linguagem. Si-mesmo está, pois, em causa."[29]

Esse efeito de sujeito não é algo que resulte do aparelho de linguagem considerado isoladamente ou como manifestação de sua natureza essencial. Freud deixa claro, em várias passagens do seu texto, que o aparelho de linguagem (assim como o que futuramente ele denominará *aparelho psíquico*) não está pronto no ato do nascimento do indivíduo humano, mas que é algo que se constrói, "peça por peça" pela aprendizagem.[30] Essa construção não se faz, por sua vez, sem uma relação com o *outro*, não propriamente numa relação com o *mundo*, mas numa relação com um *outro aparelho de linguagem*. Diferentemente de um "aparelho perceptivo", que nos colocaria frente a coisas a serem percebidas, o aparelho de linguagem nos coloca em presença de um outro aparelho de linguagem que nos introduz no registro da troca simbólica.

A linguagem é algo que se adquire, assim como o aparelho de linguagem é algo que se constrói, estas são as teses presentes no texto de Freud. E ambos, o aparelho de linguagem e a própria linguagem, não têm por objetivo um saber sobre o mundo, mas o tornar possível articular com um outro, saberes que se constituem na e pela linguagem. A aquisição da linguagem e, portanto, a construção do aparelho de linguagem se fazem por uma aprendizagem que integra o motor e o sensorial numa unidade indivisível. Essa aprendizagem Freud nos descreve em termos de etapas neurológicas de formação do aparelho de lin-

29 Lacan, J., *O seminário*, Livro 1, Rio, Zahar, 1983, p.10.
30 Nassif, J., op. cit., p.339.

guagem, e o ponto de partida da sua análise é a representação-palavra.

7. *O aparelho de linguagem e a representação-palavra.*

O que Freud nos mostra, numa das passagens mais importantes do capítulo VI de *Afasias*, é que a ordem da aprendizagem da linguagem e a ordem de entrada em cena das partes do aparelho constituem uma lei de formação do próprio aparelho.

"Para a psicologia, a *palavra* é a unidade de base da função de linguagem, que se evidencia ser uma representação complexa, composta de elementos acústicos, visuais e cinestésicos" (...) "Geralmente são mencionados quatro componentes da representação-palavra: a *imagem acústica*, a *imagem visual da letra*, a *imagem motora da linguagem* e a *imagem motora da escritura*. Mas esta composição resulta mais complexa se entramos no detalhe daquilo que é provavelmente o processo de associação que intervém em cada uma das operações da linguagem."[31] O primeiro ponto a se destacar aqui é a afirmação de que a palavra é uma "representação complexa". Isto significa que ela não retira sua "unidade" da "impressão" da qual ela seria um efeito, como pretendia a concepção elementarista. Enquanto representação complexa, sua unidade implica elementos (acústicos, visuais e cinestésicos) que se situam em lugares diferentes do território da lin-

[31] Freud, *Aphasies*, p.123.

guagem, tornando impossível uma explicação em termos de relação ponto a ponto entre a periferia e o córtex. É através da articulação entre representação e associações, que essa unidade complexa vai ser explicada, sendo que a estrutura e o funcionamento do aparelho de linguagem resultam dos modos de associação colocados em jogo na relação com um outro aparelho de linguagem.

Se a palavra é uma representação complexa que inclui componentes acústicos, visuais e cinestésicos, qualquer operação da linguagem, a mais simples que seja, implica a intervenção simultânea de funções relativas a mais de um ponto do território da linguagem, o que faz com que o processo que tem lugar no aparelho de linguagem não possa ser senão um *processo de associação* (ou de *vias* de associação).[32] Se quisermos empregar o termo "elementos" para designar as representações, não podemos nos esquecer que estes elementos não podem ser dissociados das associações; é em termos de *vias de associação* que Freud vai pensar os modos pelos quais as representações vão se constituir como conteúdos do aparelho de linguagem. *Representação* e *associação* não podem ser isolados um do outro. São as associações (ou vias de associação) que vão constituir a ordem (ou a natureza) do aparelho de linguagem; ordem esta que evidentemente nada tem a ver com a ordem *a priori* suposta pela metafísica racionalista. Há uma presença da concepção *associacionista* em Freud, a questão é definirmos qual associacionismo; não são idênticos, os associacionismos

[32] Cf. Nassif, J., op. cit., p.346.

de Locke, de Hume, de Hartley ou de Bain. Mais adiante terei ocasião de comentar essa questão.

São as associações as responsáveis pela estruturação do aparelho de linguagem. É importante, contudo, que se faça a distinção entre a associação enquanto relação entre termos, e a associação enquanto ela mesma é o termo de uma relação.[33] A associação enquanto relação entre termos é aquela que articula os vários elementos (acústicos, visuais e cinestésicos) que formam uma representação-palavra, de tal modo que nenhum destes elementos possa ser concebido isoladamente (não há imagem motora da palavra sem a imagem acústica e vice-versa); a associação tomada ela própria como termo de uma relação dá-se quando consideramos a própria representação-palavra (portanto, um complexo associativo) na sua relação com as demais representações-palavra. Para esta associação de associações, Freud usa o termo *superassociação*: "É evidente que as associações de linguagem, com as quais trabalha nossa operação de linguagem, são capazes de uma *superassociação*", sendo que no caso de lesões, "o que é superassociado é danificado antes do que é associado primariamente."[34] Partindo do fato de que Freud introduz a noção de superassociação a propósito de "aquisições novas", Nassif[35] arrisca a hipótese, não explícita em Freud mas apoiada em seu texto, segundo a qual as imagens sonoras são agenciadas diferentemente segundo o código ao qual pode se

33 Cf. Nassif, J., op. cit., p.347.
34 Freud, *Aphasies*, pp.110-111.
35 Nassif, J., op. cit., pp.347-348.

relacionar cada seqüência com função de *mensagem*, o que faz com que a associação seja dependente não apenas do aparelho de linguagem, mas também da estrutura significante estabelecida progressivamente pela percepção do material fônico (ou gráfico) de um código dado. Em termos do aparelho de linguagem, uma aquisição nova está ligada à relação que o aparelho estabelece com um outro, fazendo com que a *similaridade* imposta pelo código se articule com o *novo* implicado na mensagem. Esta combinatória de processos é o que Freud vai denominar *superassociação*. Se o aparelho de linguagem se constitui nessa necessária relação com um outro aparelho de linguagem e se cada representação-palavra tem uma extensão diferente dependendo do outro aparelho ao qual ela é destinada, então "o aparelho de linguagem é uma construção implicando uma perpétua reconstrução".[36]

8. O esquema psicológico.

É através do esquema da *representação-palavra* e das *associações de objeto* que Freud vai abordar o problema da *significação* e apontar para uma possível concepção do signo como arbitrário. É também a partir desse esquema, particularmente a partir da introdução dos conceitos de *agnosia* e de *assimbolia*, que se abre o caminho para a concepção do inconsciente. Eis o esquema apresentado por Freud:

[36] Nassif, J., op. cit., pp.348-349.

Esquema psicológico da representação-palavra:

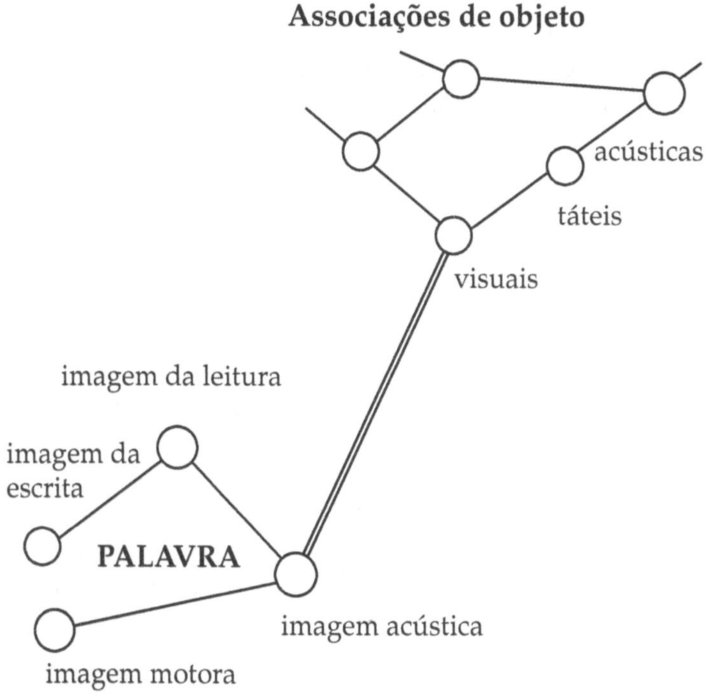

A representação-palavra apresenta-se como um complexo representativo fechado, ao passo que a representação-objeto se apresenta como um complexo aberto. A representação-palavra não está ligada à representação-objeto por todas as suas partes constituintes, mas apenas pela imagem acústica. Entre as várias associações de objeto, são as visuais que representam o objeto, da mesma forma que a imagem acústica representa a palavra. As ligações da imagem acústica da palavra com as demais associações de objeto, não são aqui indicadas.[37]

[37] Freud, *Aphasies*, p.127.

O esquema é precedido do comentário de Freud de que ao estudar a estrutura do aparelho de linguagem, e particularmente ao nos oferecer um esquema da representação-palavra, ele pretende separar ao máximo o aspecto psicológico do anatômico. Separar o aspecto psicológico do anatômico não significa separar o aspecto psicológico do neurológico, mas, ao contrário, o que Freud pretende deixar claro é que não há esquema psicológico sem um esquema neurológico, ou, ainda, que seu esquema psicológico é um esquema neurológico. Nele, as associações que formam a representação complexa da palavra, assim como as associações de objeto, e a própria associação entre representação-palavra e representação-objeto, são possíveis apenas na medida em que tudo isto ocorra num registro neurológico. O que Freud está recusando não é o neurológico, mas o anatômico entendido em termos de localizações elementares. O termo "psicológico" com o qual ele qualifica seu esquema ("esquema *psicológico* da representação-palavra") indica que a ênfase recairá sobre a *representação* (*Vorstellung*) e sobre as associações entre representações.

Colocar de um lado a *representação-palavra*, entendida como uma representação complexa, isto é, como formada por representações diversas, e por outro lado as *associações de objeto*, designando com este termo também um complexo associativo, significa um definitivo abandono do conceito de *impressão*. Vimos que o conceito de *impressão*, tal como era pensado pelos empiristas ingleses, implicava em que se articulasse cada elemento psicológico (idéia) a um elemento fisiológico (impressão), de tal modo que a associação entre duas impressões acarretaria a automática associação entre duas idéias. As idéias seriam uma reprodução das impressões. As associações seriam externas aos elementos, não introduzindo qualquer particularidade nova.[38] O simples fato de Freud empregar o termo *associações de objeto* (associações estas que vão formar a representação complexa de objeto) indica que o que é representado na representação não é um objeto, mas séries diferentes de associações.[39] Isto não significa que a impressão não exista, significa a recusa do conceito de impressão entendida como uma articulação ponto por ponto da estimulação periférica com a idéia (isto numa terminologia empirista). Segundo Freud, cada *excitação* decorrente das impressões produzidas pelo mundo exterior deixa no córtex cerebral uma *inscrição* permanente, inscrições estas que são armazenadas sem se confundirem umas com as outras. São estas excitações armazenadas uma após a outra que ele designa de *imagem mnêmica*. As imagens mnêmicas são categorizadas em quatro grupos: imagem acústica, imagem cinestésica, imagem da leitura e imagem da escrita, e o conjunto destas imagens forma a representação complexa da palavra. A palavra corresponde, pois, a uma associação de imagens mnêmicas ou representações, sendo que seu significado não decorre

[38] O empirismo de Hume foge a esta descrição na medida em que admite que um tipo especial de associação, a associação por causalidade, permite superar aquilo que é dado pela impressão e produzir a partir daí toda sorte de ficções, sem que tenha qualquer critério, além da crença, que as distingua da realidade.
[39] Cf. Nassif, J., op. cit., p.374.

das impressões, mas da articulação da imagem acústica com a representação-objeto.[40]

A afirmação de que a palavra adquire sua significação pela ligação com a representação-objeto faz do aparelho de linguagem um aparelho que não apenas articula representações, mas sobretudo que essa articulação de representações tem um efeito de *sentido*. A significação não resulta da relação entre a representação-objeto e a coisa externa ou o referente, mas da relação entre a representação-objeto e a representação-palavra.[41] O termo *representação-objeto* não designa o *referente* ou a *coisa* (da qual ele retiraria sua significação), mas, na sua relação com a representação-palavra, designa o *significado*.[42] A significação não está na coisa, também não está em cada imagem (visual, tátil, acústica, etc.) como se cada uma delas representasse um elemento da coisa, ela resulta da associação destes vários registros pelos quais se dá a representação.

As associações de objeto são agrupadas para formar uma *representação-objeto* a partir de sua ligação com a *representação-palavra*. O que faz com que o aparelho de linguagem tenha por função a produção da

[40] O que Freud chama de "representação-objeto" (*Objektvorstellung*) no texto de 1891 corresponde à "representação-coisa" (*Sachevorstellung*) no artigo *O inconsciente*, de 1915, e o que em 1915 ele chama de "representação-objeto" (*Objektvorstellung*) é a articulação da representação-coisa (*Sachevorstellung*) com a representação-palavra (*Wortvorstellung*). Em *A interpretação de sonhos* e em *Luto e melancolia*, ele emprega ainda o termo *Dingvorstellung* (representação-coisa) como sinônimo de *Sachevorstellung*. (Cf. nota de J. Strachey em: *AE*, **14**, pp.198 e 204).

[41] Esta foi a razão pela qual optei pelo emprego dos termos "representação-palavra" e "representação-objeto", ao invés de "representação *de* palavra" e "representação *de* objeto".

[42] Cf. Nassif, J., op. cit., p.374.

significação é esse eixo que articula representação-palavra e representação-objeto através da imagem acústica da palavra e da imagem visual do objeto. A relação de significação não se faz com a *coisa*, mas com o *objeto*, e este recebe sua identidade através da relação com a representação-palavra. Tudo se passa, portanto, no registro da representação e da associação entre representações. Mas afirmar que a significação não está na coisa e que ela resulta da articulação entre a representação-objeto e a representação-palavra não significa que ela preexista, antes do objeto e antes da linguagem, no pensamento. São as associações as responsáveis pela significação, e elas só se dão juntamente com as representações.

Se é pela sua articulação com a representação-objeto que a representação-palavra adquire sua significação (ou sua *denotação*), é também pela sua articulação com a representação-palavra que o objeto ganha identidade e que é possível uma implicação de conceito. Como não há conceito sem significação, assim como não há significação sem palavra, não há pensamento anterior às palavras. A linguagem está presente desde o começo.[43]

"A representação-palavra apresenta-se como um complexo representativo fechado, enquanto que a representação-objeto como um complexo aberto." Esta é a nota que Freud faz acompanhar seu esquema. O caráter de "fechado" ou de "aberto" diz respeito ao complexo e não propriamente à representação. Claro está que tanto a representação-palavra quanto a re-

43 Cf. Nassif, J., op. cit., p.376.

presentação-objeto são *complexos*, e portanto, o que se afirma do complexo aplica-se também à representação, mas não é a representação enquanto representação que está sendo visada quando se atribui o caráter de fechado ou de aberto e sim ao fato de ela se constituir como um *complexo*. "Da filosofia", escreve ele, "aprendemos que a representação-objeto não consiste em nada mais do que isto [um complexo associativo constituído de representações as mais heterogêneas] e que a aparência de uma *coisa*, cujas diferentes *propriedades* são reveladas por essas impressões sensoriais, surge apenas na medida em que, no conjunto das impressões sensoriais que recebemos de um objeto, incluirmos também a possibilidade de uma série importante de impressões novas na mesma cadeia associativa. A representação-objeto não nos aparece pois como uma representação fechada, ou como capaz de fechamento, ao passo que a representação-palavra nos aparece como algo fechado, mesmo sendo capaz de ampliação."[44] Freud recorre à filosofia, particularmente a John Stuart Mill, para tentar elucidar o conceito de representação-objeto.

9. O associacionismo de John Stuart Mill.

Stuart Mill integra o grupo dos pensadores ingleses que seguindo a tradição empirista defendem a doutrina associacionista, aproximando-se mais de David Hume. Freud refere-se especificamente a duas obras

[44] Freud, *Aphasies*, pp.127-128.

de Stuart Mill: *Logic*, publicada em 1843, e *An Examination of Sir William Hamilton's Philosophy*, de 1865.

Diferentemente de seu pai James Mill, que via na associação uma simples combinação de elementos que se mantinham inalterados no interior do conjunto por eles formado, Stuart Mill propõe o que ele mesmo chamou de "química mental" (por oposição à "mecânica mental" de James Mill).[45] O conjunto associativo resultante dos elementos não é por ele concebido como uma simples soma destes elementos, mas como um produto gerado a partir dos elementos, cujas propriedades são irredutíveis às propriedades dos elementos, tal como ocorre com a água em relação aos seus elementos constituintes, o oxigênio e o hidrogênio. "Esses são casos de *química mental*, nos quais é possível dizer que as idéias simples *geram*, mais do que compõem, as idéias complexas."[46]

Em *An Examination of Sir William Hamilton's Philosophy*, Stuart Mill expõe sua teoria psicológica da crença num mundo exterior. Começa afirmando que a mente humana é capaz de "expectativa", isto é, que após termos sensações reais, somos capazes de formar a concepção de sensações possíveis. Essas sensações possíveis são aquelas que apesar de não estarem sendo sentidas no presente poderão ser sentidas se estiverem presentes certas condições. A crença num mundo exterior prende-se não apenas às sensações dadas presentemente, mas a um número enorme de possibilidades de sensações. Enquanto as primeiras

[45] Stuart Mill, J., *Sistema de lógica inductiva y deductiva*, Madri, Jorro, 1917, vol. **II**, livro VI, cap.4, 3.
[46] Ibid.

surgem do contato direto do sujeito com o objeto, as segundas implicam uma previsão ou expectativa. A noção de mundo exterior, assim como a noção de matéria, está ligada a estas possibilidades de sensações.

Segundo Stuart Mill, as sensações presentes possuem menos importância do que as possibilidades de sensações, porque enquanto as primeiras são passageiras, as segundas podem ser permanentes e, como tais, permitem-nos distinguir as sensações da matéria. Para ser mais exato: o que Stuart Mill chama de *matéria* são exatamente essas possibilidades permanentes de sensações. Lembra ainda que essas possibilidades de sensações, uma vez garantidas pela experiência passada, revelam um aspecto importante: é que elas não se apresentam como sensações isoladas, mas como grupos de sensações, tal como os objetos do mundo exterior.

Discordando de James Mill, que havia reduzido a apenas uma as leis da associação, Stuart Mill coloca-se numa posição semelhante à de Hume, afirmando a existência de três e às vezes de quatro princípios de associação: semelhança, contiguidade, freqüência e inseparabilidade.

O princípio da semelhança afirma que idéias semelhantes tendem a excitar-se mutuamente, formando um conjunto. O princípio da contiguidade afirma que quando duas impressões foram freqüentemente experimentadas ou pensadas simultaneamente ou em sucessão imediata, sempre que uma dessas impressões ou sua idéia se repetir, tenderá a excitar a idéia da outra. O terceiro princípio afirma que as associações produzidas por contiguidade adquirem maior grau de certeza por efeito da repetição. É a ação deste princípio que vai constituir uma "associação inseparável", isto é, aquela em que não se pode pensar um elemento separado do outro. Finalmente, o quarto princípio: quando uma associação de idéias adquiriu a inseparabilidade apontada acima, não apenas as idéias ficam inseparáveis, mas os próprios fatos que correspondem a estas idéias ficam também inseparáveis. Este é o fundamento de nossa crença nas coisas concebidas como unidades.

Tal como em Berkeley e em Hume, é o conceito de substância material que vemos aqui ser colocado em questão. Stuart Mill nega que a objetividade do mundo seja decorrente de sua substancialidade material. O que chamamos de matéria nada mais é do que o resultado de uma *associação inseparável*. A idéia de uma *substância* material assim como a idéia de uma *substância* espiritual são ambas recusadas. Assim como a matéria é a sucessão das diferentes possibilidades de sensações, o espírito é a sucessão dos diversos sentimentos ou das diferentes percepções de sensações.

Da mesma maneira como acreditamos na matéria porque supomos que algo permaneça para além da variedade contínua das percepções (algo que seria o núcleo substancial dos vários *noemas*), acreditamos também numa substância espiritual que seria o lugar dessas cenas. Para Stuart Mill essa crença é insustentável, nada há que justifique a substancialidade da mente assim como nada há que justifique a substancialidade da matéria. A matéria nada mais é do que uma possibilidade permanente de sensações, assim como o espírito nada mais é do que uma possibilidade permanente de estados de consciência, sendo que a confiança da humanidade na existência real de objetos visíveis e tangíveis significa apenas a confiança na realidade e permanência de possibilidades de sensações.

E aqui nos aproximamos de Hume: não é o eu que constitui as associações, mas, ao contrário, estas é que constituem o eu. Não existe uma natureza humana anterior à experiência, mas *natureza humana, eu, mente* devem ser concebidos como efeito da experiência. A fonte inspiradora de Stuart Mill é o *Tratado da Natureza Humana* de Hume, e tanto Stuart Mill como Hume são fontes de inspiração para Freud, embora não seja feita nenhuma referência a Hume no texto sobre as afasias.

Mas se Stuart Mill liberta a noção de objeto da incômoda referência à *coisa*, ele não nos oferece nenhuma caracterização da representação-objeto enquanto articulada à representação-palavra. Stuart Mill está mais interessado em se desembaraçar do conceito de substância do que em estabelecer o modo pelo qual representação-objeto e representação-palavra se articulam, sendo que o próprio conceito de *representação* é para ele um conceito de difícil utilização por estar demasiadamente comprometido com a tradição metafísica.

O benefício que os textos de Stuart Mill podem trazer no sentido de esclarecer os conceitos de representação-palavra e representação-objeto é quanto ao caráter de complexo aberto da representação-objeto. Se o que se denomina *objeto* é fruto não apenas de sensações presentes mas também e sobretudo de um número enorme de possibilidades de sensações que formam a série associativa do complexo do objeto, então este último, comparativamente à representação-palavra, constitui-se como um complexo aberto e dificilmente susceptível de fecho, como afirma Freud. Os termos "fechado" e "aberto" com os quais Freud designa os complexos representativos, podem ser considerados como designando o caráter de acabado ou de indefinido dos referidos complexos.

J. Nassif[47] é de opinião que, a se procurar na filosofia um autor capaz de patrocinar a concepção de representação-objeto tal como a que é defendida por Freud, melhor seria recorrer a Brentano, ao invés de recorrer a Stuart Mill. Como a noção de representação desempenhará um papel central em todo o percurso freudiano, creio que podemos fazer um pequeno parênteses na discussão de *Afasias*, para consultarmos Brentano.

10. Brentano e a representação-objeto.[48]

O recurso a Brentano se justifica, dentre outros motivos, pelo fato de Freud ter assistido, durante dois anos, seus cursos sobre a lógica de Aristóteles na Universidade de Viena, quando era ainda estudante de medicina. Uma outra razão para a referência a Brentano é que ele, tanto quanto Freud, recusa uma ordenação serial entre a fisiologia e psicologia, de tal forma que o fenômeno psicológico possa ser reduzido a um epifenômeno do fisiológico. Já vimos que para Freud a cadeia dos processos fisiológicos não está em relação de causalidade com os processos psíquicos,

[47] Nassif, J., op. cit., p.377.

[48] O conceito brentaniano de *representação* já foi objeto de análise num trabalho anterior (Garcia-Roza, L.A., *O mal radical em Freud*, Rio, Zahar, 1990, cap.8). O que pretendo retomar aqui são alguns aspectos da concepção de Brentano que julgo serem de valor para a compreensão do tema abordado por Freud em *Afasias*.

mas que o psíquico é um processo paralelo ao fisiológico, *"a dependent concomitant"*, como ele afirma.[49] Também para Brentano, o fenômeno psíquico e o fenômeno físico (ou fisiológico) são diferentes e irredutíveis um ao outro, e o critério dessa diferença é o fato de o fenômeno psíquico ser caracterizado pelo que ele chama de *presença intencional, direção a um objeto* ou simplesmente *intencionalidade*. "Todo fenômeno psíquico", escreve Brentano, "contém em si mesmo qualquer coisa a título de objeto" (...) "essa presença intencional pertence exclusivamente aos fenômenos psíquicos. Podemos pois definir os fenômenos psíquicos como fenômenos que contêm intencionalmente um objeto."[50]

A afirmação de que todo fenômeno psíquico, à diferença do fenômeno físico, contém intencionalmente um objeto, significa que não há fenômeno psíquico que não seja uma relação entre um ato e um conteúdo do ato: na representação, é alguma coisa que é representada, no juízo, alguma coisa que é admitida ou rejeitada, no amor e no ódio, alguma coisa que é amada ou odiada, e assim por diante, sendo que todo ato psíquico ou é uma representação ou está fundado numa representação.

Quando Brentano afirma que toda consciência é consciência de um objeto, ele não está emitindo um juízo de existência sobre esse objeto, e sim afirmando a necessidade de um correlato objetal para o ato da consciência. O objeto não necessita ser existente em si

49 Freud, *Aphasies*, p.105.
50 Brentano F., *Psychologie du point de vue empirique*, Paris, Aubier, 1944, p.102.

mesmo. Um centauro é tão objeto da consciência como uma árvore percebida.

Brentano emprega o termo *Vorstellung* (representação) para designar não propriamente o objeto representado, mas o *ato* de representar. No entanto, como todo fenômeno psíquico contém em si algo a título de objeto, não há *ato* de representar sem que haja também um *objeto* representado. Todo fenômeno psíquico e, portanto, toda representação implica um ato e um conteúdo do ato (objeto), de tal modo que um não pode se dar sem o outro. Não há percepção sem objeto percebido e vice-versa. Embora o termo *Vorstellung* seja utilizado por Brentano para designar o ato de representar e não o objeto representado, não podemos deixar de considerar o fato de que um não existe sem o outro e que ambos independem da existência real das coisas (*Dingen*) às quais eles se referem. Isto faz com que o sentido de uma *Vorstellung* seja decorrente não da coisa (*Ding*) à qual ela supostamente se refere, mas da relação que ela mantém com as outras *Vorstellungen*. Este fato já é reconhecido pelo próprio Brentano quando, num apêndice de 1911 ao *Psicologia do ponto de vista empírico*, trata da questão dos objetos verdadeiros e dos objetos fictícios.[51]

Essa independência da representação com relação ao objeto não implica a aceitação da tese idealista que nega a existência do objeto externo à consciência. Brentano mantém-se fiel à tradição aristotélica. O que está sendo afirmado é que a *Vorstellung* não é uma reprodução do objeto externo, e que o seu sentido não

51 Brentano, F., op. cit., "Des objets vrais et des objets fictifs".

é derivado desse objeto e sim da relação que as várias *Vorstellungen* mantêm umas com as outras. Se o significado de uma *Vorstellung*, no caso uma *Objektvorstellung* (representação-objeto), resulta não da sua relação com a coisa (*Ding*) mas da relação entre as próprias *Vorstellungen*, então não estamos mais no registro da representação entendida como entidade psicológica pura e simples, mas sim no registro do significante.

Esta não é, porém, uma conclusão a qual Brentano chega de imediato. Inicialmente ele concebe a representação-objeto (*Objektvorstellung*) como sendo representação *do* objeto, entendido este último como sendo a coisa externa, sendo que esta é que conferiria sentido à representação-objeto. O esquema seria o seguinte:

Representação →	**Coisa representada** →	**Coisa**
(Vorstellung)	*(Objektvorstellung)*	*(Ding)*

No esquema acima, a *representação* (*Vorstellung*) e a *coisa representada* (*Objektvorstellung*), formam o registro do psíquico, enquanto que a *coisa* (*Ding*) pertence ao registro do mundo externo, independente da consciência. A suposição inicial de Brentano é a de que a coisa (*Ding*) é o que fornece ao objeto representado (*Objektvorstellung*) seu significado. Num segundo momento, a partir sobretudo das críticas de Meinong, Brentano passa a admitir que não são as *coisas* que fornecem à representação seu significado, mas que este resulta da relação que as próprias representações mantêm entre si. Isto porque há significação mesmo quando a representação não tem como referente um objeto real, existente em si e por si, como é o caso, por exemplo, do centauro ou do cavalo alado. A significação resulta, pois, da articulação entre representações e não da articulação entre representação e coisa. Como não há significação sem linguagem, podemos ver na concepção de Brentano um suporte filosófico para a concepção desenvolvida por Freud em *Afasias* sobre a articulação entre a representação-palavra e a representação-objeto e a produção de significado, e no caso, um suporte mais adequado do que o oferecido por Stuart Mill. Mas voltemos ao texto de Freud.

11. Do signo como arbitrário.

Voltemos à afirmação de Freud de que a representação-palavra adquire sua significação por sua ligação com a representação-objeto (pelo menos no que diz respeito aos substantivos). Já vimos que essa ligação se faz nos dois sentidos: não apenas a palavra adquire sua significação pela sua ligação com a representação-objeto, como é também pela sua articulação com a representação-palavra que o objeto ganha identidade e que o conceito do objeto torna-se possível. A linguagem, portanto, está presente desde o começo.

O aparelho de linguagem, considerado em si mesmo, não responde, segundo Freud, pela representação-objeto. O aparelho de linguagem tem por função tornar possível a significação e não a de tornar possível a representação-objeto. No entanto, a palavra só adquire sua significação pela articulação que estabelece com a representação-objeto. Isto não quer dizer que a significação seja dada pela coisa, mas que a palavra não pode prescindir de conter uma referência a algo que lhe seja exterior, no caso, um objeto. O aparente paradoxo que Freud nos coloca é que esse objeto, por sua vez, é constituído, na sua identidade de objeto, pela relação que ele mantém com a palavra. Enquanto "exterior" à palavra, ele mantém uma necessária relação com a linguagem. Não nos esqueçamos de que tanto a *Wortvorstellung* como a *Objektvorstellung* são ambas *Vorstellungen*. Afirmar, portanto, que a representação-palavra adquire sua significação pela ligação com a representação-objeto é afirmar que a significação resulta da articulação entre representações e não da articulação entre representação (*Vorstellung*) e coisa (*Ding*). Estamos, aqui, mais próximos de Brentano ou de Meinong do que de Stuart Mill.

Vimos, no entanto, que a representação-palavra não está ligada à representação-objeto por todos os seus componentes, mas apenas pela imagem acústica. O complexo fechado que forma a representação-palavra liga-se ao complexo aberto que forma a representação-objeto através da imagem acústica do primeiro e das associações visuais do segundo. Tomando por base os distúrbios de linguagem verificados na clínica, Freud os separa em dois grupos: 1) A *afasia verbal* (ou afasia de primeira ordem), na qual a perturbação afeta as associações entre os elementos da representação-palavra; e 2) A *afasia assimbólica* (ou afasia de segunda ordem), na qual o que é perturbado é a associação entre a representação-palavra e a representação-objeto.[52]

Em seguida a esta distinção, Freud assinala que toma o termo *assimbolia* num sentido distinto do que

[52] Freud, *Aphasies*, p.128.

então era o usual; para ele a relação entre a representação-palavra e a representação-objeto merece com muito mais propriedade ser chamada *simbólica*, do que a relação existente entre a representação-objeto e um objeto. O esquema seguinte poderá nos auxiliar na compreensão da terminologia empregada por Freud:

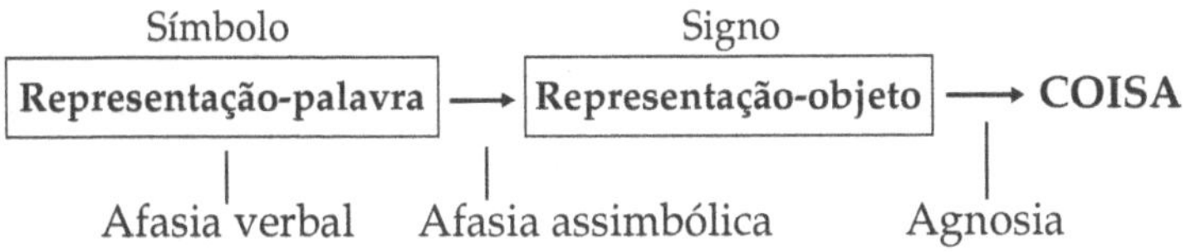

Freud distingue as perturbações que dizem respeito aos componentes do complexo da representação-palavra, daquelas perturbações que dizem respeito à relação entre a representação-palavra e a representação-objeto: ao primeiro grupo ele denomina *afasia verbal* e ao segundo ele denomina *afasia assimbólica*. O termo *agnosia* designa a perturbação referente ao reconhecimento dos objetos. Como um distúrbio no reconhecimento dos objetos pode acarretar, por sua vez, uma perturbação da linguagem, ele denomina esta perturbação da linguagem decorrente da agnosia de *afasia agnósica* ou afasia de *terceira ordem* (sendo as afasias de primeira e de segunda ordens, respectivamente as afasias verbal e assimbólica).

Há, portanto, perturbações que atingem apenas os elementos componentes da representação-palavra, há aquelas que atingem a relação entre a representação-palavra e a representação-objeto, e há finalmente aquelas que atingem a relação entre a representação-objeto e o objeto propriamente dito (ou a coisa). É a distinção entre esta última e as duas primeiras que nos interessa particularmente.

A *agnosia* não é uma perturbação da linguagem (embora possa provocar uma afasia agnósica), mas para o que estamos tratando ela é particularmente interessante porque diz respeito ao conceito de *signo* e à distinção entre este e o *símbolo*, segundo a concepção freudiana. Na agnosia o que é afetado não é propriamente o complexo que forma a representação-objeto, e nem tampouco a relação deste último com a representação-palavra, mas a relação do objeto (da representação-objeto) com a coisa. É portanto sua natureza de *signo* que é afetada. Se admitirmos a definição segundo a qual um *signo é aquilo que representa alguma coisa para alguém*, ele, por um lado, aponta para essa "alguma coisa", e por outro, aponta para um "alguém". Não estou discutindo aqui a natureza diádica ou triádica do signo, e nem tampouco as diferentes concepções de Peirce, Saussure ou Lacan sobre a natureza do signo, mas apenas tentando distinguir, no esquema que Freud nos apresenta em *Afasias*, o que ele considera como sendo da ordem do signo e o que ele considera como símbolo, ou mais precisamente ainda, o que ele considera como sendo uma relação simbólica e o que ele considera uma relação sígnica.

No caso da agnosia, o que é perturbado é a relação entre a representação-objeto e o objeto; trata-se pois de uma perturbação do *reconhecimento* do objeto, sendo que a relação entre a representação-objeto e a representação-palavra permanece intacta, o que corresponde a dizer que o aparelho de linguagem não é atingido. O que acontece com o aparelho de linguagem, no caso da agnosia, é que o sujeito não pode se servir dele em decorrência de um distúrbio do *reconhecimento* e não de um distúrbio da linguagem. Na agnosia a linguagem se vê aliviada da tarefa de *repre-*

sentar alguma coisa para alguém, isto é, ela se vê aliviada da função sígnica, na medida em que esta função não é da competência direta do aparelho de linguagem.

Se considerarmos o signo desta maneira, o termo mais apropriado para traduzir *Objektvorstellung* é "representação *de* objeto" e não "representação-objeto" (como venho fazendo até aqui). Isto porque aquilo que a representação (de objeto) estaria representando seria o objeto entendido como coisa externa, sendo a representação um signo icônico da coisa (para empregarmos um termo de Peirce). No entanto, não parece ser esta a intenção de Freud. Para ele, embora a representação-objeto não pertença ao aparelho de linguagem, ela só se constitui como um complexo associativo, adquirindo sua identidade, pela sua ligação com a representação-palavra. O conceito do objeto não se faz senão na e pela linguagem. Desta forma, a autonomia da representação-objeto é apenas relativa, assim como, deste ponto de vista, dificilmente ela poderia ser considerada como um signo natural.

Se o signo não é considerado por Freud como uma simples reprodução do *mesmo*, se ele pode significar algo novo, então ele se constitui como signo a partir do significante, ou segundo Freud, da representação-palavra. Ele parece ser originário do exterior, do objeto externo, mas na realidade é tão interior quanto a representação-palavra, ou pelo menos não existe uma diferença tão radical entre signos considerados como internos (que seriam os elementos da representação-palavra) e signos considerados como externos (expressando acontecimentos do mundo). Tanto a representação-palavra quanto a representação-objeto são *representações*, e a representação-objeto não se constituiria como signo a não ser por sua ligação com a representação-palavra.[53] Por esta razão, não podemos separar inteiramente, como Freud também não separou, o conceito de *agnosia* do conceito de *afasia*. É o significante que é capaz de produzir o novo, e nesta medida, diz-se que o significante produz o significado. Este foi o caminho pelo qual Lacan, mais de meio século depois, afirmou a *autonomia do significante*, e a razão pela qual ele não fala em *signo*, mas em significante ou, ainda, em *significante puro*.

O que Freud está nos dizendo, em 1891, ao articular as associações de objeto com a emergência do novo, é que deste ponto em diante nenhum ato de percepção pode escapar ao signo, isto é, que nenhum ato de percepção se faz com total independência da linguagem. As próprias associações de objeto podem formar, sob esta perspectiva, uma linguagem espontânea,[54] e para isto precisamos apenas admitir, com Freud, que uma representação-objeto não pode se constituir sem uma ligação prévia com a representação-palavra. A relação simbólica é, portanto, a precondição para o estabelecimento do signo. Na medida em que o aparelho de linguagem seja capaz de produzir um objeto original (isto é, constituir uma particular associação de objeto) pela relação entre a representação-palavra e a representação-objeto, ele é capaz de significar, de produzir signos que por serem engendrados pelo próprio aparelho, são signos arbitrários.[55]

53 O que Freud denomina de *representação-palavra* e de *representação-objeto*, Saussure vai chamar de *significante* e de *significado*, respectivamente.
54 Cf. Nassif, J., op. cit., p.384.
55 Nassif, J., op. cit., pp.386 e 393.

12. *Aparelho de linguagem e aparelho psíquico.*

Vimos que o aparelho de linguagem construído por Freud é capaz, dentre outras coisas, de significar, de produzir o novo e, sobretudo, é capaz de produzir um efeito de sujeito. A pergunta que se faz necessária é se, nesse ano de 1891, isto tudo era visto por Freud como uma qualidade ou como sinal de debilidade do aparelho de linguagem. É evidente que podemos apontar os "distúrbios" da linguagem assinalados por Freud, particularmente os do tipo *Vutter* no lugar de *Mutter* ou *Vater*, *Butter* no lugar de *Mutter*, ou ainda o deslizamento *Ding — Machine — Chose*, como sendo exemplos de metáfora e metonímia (ou condensação e deslocamento, se preferirmos). Isto pode ser suficiente para afirmarmos que o aparelho de linguagem por ele concebido é um aparelho que nos aponta para o domínio do inconsciente. Podemos até mesmo, num rasgo de entusiasmo, afirmar que Freud já está fazendo uma lingüística mais avançada que a de Jakobson. Mas não podemos deixar de lado o fato de que todas essas produções do aparelho de linguagem são consideradas por Freud como efeitos do mau funcionamento do aparelho, como distúrbios ou perturbações que devem ser, se possível, eliminados ou corrigidos e atenuados. Como assinala Nassif, o aparelho de linguagem é capaz de produzir signos arbitrários, é de fato um aparelho *para* a linguagem, mas não é capaz de regular o seu bom uso, ou mais precisamente ainda, é um aparelho constituído de modo a impedir esses efeitos de sujeito.[56]

[56] Nassif, J., op. cit., p.419.

No entanto, precisamente aquilo que nesse aparelho aparece como falha, como efeito de um mau funcionamento, como má-formação, é que vai ter conseqüências as mais importantes para o futuro teórico do próprio aparelho de linguagem. A articulação do aparelho de linguagem com os traços mnêmicos resultantes da percepção, articulação entre o funcional e o mnêmico, nos remete à questão da dissociação entre a significação e o sentido, a esses *efeitos de sujeito* que Freud denominou *parafasias*.

"Por parafasia, devemos entender uma perturbação da linguagem na qual uma palavra adequada é substituída por uma outra que é menos adequada mas que mantém uma certa relação com a palavra exata."[57] É o caso da substituição de *lápis* por *pena*, de *Berlim* por *Potsdam*, ou da troca de palavras com um som semelhante, como *Butter* e *Mutter*, ou ainda em fusões do tipo *Vutter* no lugar de *Mutter* ou *Vater*. O importante na concepção de Freud sobre as parafasias é sua observação de que este tipo de perturbação em nada se distingue daquelas que podemos observar em pessoas saudáveis quando se encontram sob a influência de estados afetivos intensos ou pura e simplesmente por efeito do cansaço, não havendo necessidade de se recorrer à hipótese de uma lesão cerebral para se explicar esses distúrbios. Trata-se, diz ele, de um sintoma puramente funcional.

A parafasia é considerada por Freud como um resíduo, um resto de linguagem (*Spracherest*),[58] algo que se repete como resíduo da inscrição de traços

[57] Freud, *Aphasies*, pp.71-72.
[58] Freud, *Aphasies*, p.111.

mnêmicos. Esses distúrbios funcionais, que podem ser observados em pessoas normais "sob a influência de afetos perturbadores",[59] são considerados como resultado de um rebaixamento da eficiência do aparelho de associações da linguagem, rebaixamento este que decorre não de uma lesão, mas da ação de afetos intensos sobre o aparelho de linguagem, como efeito da imposição de traços mnêmicos, sem que para isto tenha concorrido a vontade consciente do sujeito. Esse efeito de sujeito, que é a parafasia, pode ser assimilado a um *ato*, a algo que faz desse sujeito um efeito de uma clivagem.[60]

Os restos de linguagem que caracterizam os vários tipos de parafasia não são efeitos absurdos devidos a uma destruição dos princípios de funcionamento do aparelho de linguagem, mas correspondem a possibilidades perfeitamente legítimas do funcionamento desse aparelho. Esses restos são efeitos *sobredeterminados* do funcionamento do aparelho de linguagem, e implicam uma divisão do sujeito que aponta inevitavelmente para o conceito de inconsciente. Pode parecer estranho falarmos em inconsciente, concebido como um domínio psíquico, num texto de 1891. No entanto, se aceitarmos como legítima a autoria do artigo "Histeria", escrito para a Enciclopédia Villaret em 1888, encontramos a afirmação de Freud

59 A idéia de "afetos perturbadores" fazendo com que atos sejam substituídos por palavras (quando um ato seria a resposta mais adequada) é retomada por Freud em *Sobre o mecanismo psíquico de fenômenos histéricos*, sob a rubrica de *trauma psíquico*. Neste trabalho, publicado em 1893 e escrito sob forte influência de Charcot, Freud articula a idéia de *trauma psíquico* à idéia de *soma de excitação*, isto é, de um *quantum* de excitação acumulada que deve ser escoada.

60 Cf. Nassif, J., op. cit., pp.423 e 434.

segundo a qual "a evolução dos distúrbios histéricos muitas vezes exige uma espécie de incubação, ou melhor, um período de latência, durante o qual a causa desencadeante continua atuando *no inconsciente*".[61] O termo é empregado assim mesmo, na forma substantiva, "o inconsciente" (*das Unbewusst*). Portanto, pelo menos três anos antes da publicação de *Afasias*, Freud já fazia referência a um lugar psíquico, "lugar onde uma incubação é possível", lugar a partir do qual esses restos de linguagem, ou esses efeitos de sujeito, são possíveis.[62]

A verdade é que o aparelho de linguagem produzido por Freud transbordou os limites estritos de um aparelho de linguagem e constituiu-se como o primeiro modelo freudiano de *aparelho psíquico*. A concepção das parafasias, por si só, já seria suficiente para impor esse transbordamento. Permanece porém o fato de que apesar desse texto apontar para noções tão caras à teoria psicanalítica, como as noções de *inconsciente, recalque, ato falho, condensação e deslocamento, sujeito do enunciado e sujeito da enunciação*, etc., ele, nem por isso, deixa de ser um trabalho de neurologia. Não há, em nenhuma passagem do texto, algo que sugira por parte de Freud uma recusa da neurologia; o que há, isto sim, é a produção de uma neurologia, inspirada em grande parte em Hughlings Jackson, que rompe com a dos neurólogos alemães e que é capaz de servir de suporte para uma proposta explícita por parte de Freud de construção de um aparelho psíquico. O passo seguinte é dado com a elaboração do *Projeto de 1895*.

61 Freud, S., *AE*, **1**, p.58; *ESB*, **1**, p.78 (o grifo é meu).
62 Nassif, J, op. cit., p. 262.

2

O Projeto de 1895

[Entwurf einer Psychologie][1]

1. *Introdução.*

O *Projeto* começou a ser rascunhado por Freud no trem que o levava de Berlim a Viena, quando de uma visita ao amigo Wilhelm Fliess, no outono de 1895. Após ter remetido os manuscritos a Fliess e depois de muita hesitação quanto ao valor das idéias neles contidas, Freud decide-se por abandonar o que havia sido elaborado.

Durante quarenta e dois anos o *Projeto* foi esquecido pelo próprio autor que só voltou a vê-lo nas mãos de Marie Bonaparte, ex-paciente de Freud e princesa da Grécia e da Dinamarca. Ela havia adquirido os manuscritos, juntamente com o resto da correspondência Freud/Fliess, do livreiro Reinhold Stahl que por sua vez os tinha comprado da viúva Fliess. Ao rever o manuscrito, depois de tanto tempo, Freud tenta de todas as maneiras reavê-lo, com o intuito

[1] Publicado originalmente em *Aus den Anfängen der Psychoanalyse*, Londres, Imago, 1950. (A seguir, utilizarei *AE* para designar a tradução da Amorrortu Editores, Buenos Aires, 1982; *ESB*, para a tradução brasileira da Imago editora, Rio, 2ª edição revisada, 1987; e *AdA*, para *Aus den Anfängen der Psychoanalyse*, Londres, Imago, 1950).

evidente de destruí-lo. Mas Marie Bonaparte, que já havia passado por maus momentos na tentativa de preservá-lo a salvo da Gestapo, recusa-se a entregá-lo a Freud.

O fato é que, de 1895 a 1950 (data da sua primeira publicação), o *Projeto* permaneceu fora do alcance do público, e não apenas do grande público, mas até mesmo do círculo de amigos de Freud, exceção feita, evidentemente, ao seu amigo Wilhelm Fliess. Este fato confere ao *Projeto* um estatuto peculiar em relação ao conjunto da obra de Freud. Embora o texto tenha sido recusado pelo autor, várias idéias nele contidas reaparecem (ou aparecem) em textos posteriores. É o caso, por exemplo, da idéia de *tela protetora* (proteção antiestímulo), ou ainda da noção de *ligação* (*Bindung*), que vão desempenhar um importante papel, vinte e cinco anos depois, em *Além do princípio de prazer*, isto sem contar um esboço de sua teoria dos sonhos.

Quando o *Projeto* veio a público, Freud já havia morrido há mais de dez anos e toda a sua obra já estava publicada. Qual então a importância desse manuscrito na gênese dessa obra? Poderíamos dizer que o que Freud recusou foi o texto considerado como um conjunto acabado, mas não as idéias ou algumas das idéias nele contidas e que, com o passar do tempo, ele foi reinscrevendo algumas das noções do *Projeto* em obras que considerava como já expressivas do seu pensamento psicanalítico. Poderíamos ainda comparar o estatuto do *Projeto* ao de um diário íntimo: importante para o autor, mas inexistente e portanto inócuo para as demais pessoas, até ser publicado. De qualquer forma, esta é uma questão para os historiadores da ciência, e não é minha pretensão resolvê-la. O que me interessa, isto sim, é repensar o *Projeto* quanto ao seu conteúdo, sem me escusar de recolocar a questão dele ser ou não um texto pré-psicanalítico.

Freud inicia o seu texto firmando o propósito de oferecer o projeto de uma psicologia entendida como uma ciência natural (*eine naturwissenschaftliche Psychologie*).[2]

É no mínimo surpreendente que após a publicação de *A interpretação das afasias* e dos *Estudos sobre a histeria*, o futuro autor de *A interpretação de sonhos* proponha uma psicologia como uma ciência natural. Ciência natural (*Naturwissenschaft*) e não ciência do espírito (*Geisteswissenschaft*). Creio que vale a pena determo-nos um pouco neste ponto.

Desde *A fenomenologia do Espírito* (1807) de Hegel que o termo *Geist* (Espírito) tem um sentido próprio na língua alemã, oposto a *Natur*, natureza. Embora para ele a *filosofia* do Espírito (*Philosophie des Geistes*) acabe por abolir a oposição entre espírito e natureza, a *fenomenologia* do Espírito (*Phänomenologie des Geistes*) tem como objeto a *Bewusstsein*, a consciência, o homem considerado como contraposto à natureza. Enquanto o espírito é identificado ao tempo, a natureza é identificada ao espaço. E tempo, para Hegel, é tempo humano, tempo histórico. O homem resulta da negação do natural, negação esta que mantém o natural enquanto negado (e este é o sentido da *Aufhebung* hegeliana). Não se trata de uma negação pura e simples, mas de uma superação. A natureza é identidade

2 *AE*, p.339; ESB, p.315; *AdA*, p.305.

enquanto que o espírito é negatividade. Espírito e natureza se opõem, pelo menos num primeiro momento: aquele que corresponde ao da fenomenologia do espírito. Passado esse momento no qual o espírito toma consciência de si mesmo, no e pelo discurso, teríamos a filosofia (e não mais fenomenologia) do espírito, quando a oposição entre sujeito e objeto, ser e discurso, é superada e surge o *Geist* que abarca tanto o ser como o discurso. Neste ponto, a distinção entre lógica e ontologia desaparece. A filosofia do espírito seria, para Hegel, a ciência do espírito.

Na última década do século XIX, e no mesmo ano em que Freud escreveu o *Projeto*, um outro autor de língua alemã — Wilhelm Dilthey — publica o ensaio *Psicologia comparada*, cuja primeira seção tem por título "Ciências da natureza e ciências do espírito", no qual ele não apenas situa a psicologia como uma ciência do espírito, como pretende fundar as ciências do espírito na psicologia.

Dilthey entende que a ciência se constrói à base de conceitos rigorosos, de significado constante e de validez universal, e para que isto ocorra não é necessário que a ciência possua uma base matemático-causal. Para ele, enquanto as ciências físico-matemáticas operam com conexões causais e as ciências biológicas (ou pelo menos algumas delas) com conexões finais, as ciências do espírito operam com conexões de *sentido*. As ciências da natureza trabalham com as categorias de *substância* e *causalidade*, as ciências do espírito trabalham com as categorias de *significação* (*Bedeutung*) e *força* (*Kraft*), esta última dizendo respeito à vida no que ela tende para o futuro. Se a vida (no sentido de *espírito*) é alguma coisa, é precisamente o que não é substância: é mudança, projeto, liberdade indeterminada.[3] Frente a estas categorias, não é possível adotar-se uma atitude explicativa (que procura estabelecer nexos causais); o único procedimento adequado é a *compreensão*. Por *compreensão*, Dilthey entende o processo pelo qual se chega a conhecer a vida psíquica partindo-se de suas manifestações externas. Em se tratando da vida psíquica do próximo, ele considera que "a compreensão é o encontrar-se do eu com o tu".[4] Trata-se de um obscuro processo pelo qual o sujeito do saber faz-se um com o objeto (o próximo), uma espécie de união substancial fundada na idéia de comunidade espiritual.

Apesar da ênfase com que Dilthey afirma uma *ciência do espírito*, isto não o aproxima de Hegel. Entre o *Geist* hegeliano e o espírito diltheyniano há diferenças profundas e irredutíveis. Dilthey está muito mais próximo de Nietzsche, como posteriormente o estará de Bergson, do que de Hegel; além de manter uma dependência polêmica com relação ao positivismo. Não há como aproximar as "ciências do espírito", segundo Dilthey, da ciência do espírito tal como Hegel a concebe. Hegel é um filósofo extremamente rigoroso, Dilthey é um hermeneuta vacilante.

No momento, portanto, em que Freud escreve o *Projeto*, já havia uma tradição na filosofia alemã, de Kant a Hegel, afirmando-se como filosofia do espírito. Por outro lado, havia também um movimento oposto ao do idealismo alemão, que se nutria da tradição

3 Cf Martin-Santos, L., *Dilthey, Jaspers y la comprensión del enfermo mental*, Madri, Paz Montalvo, 1955, p.11.
4 Dilthey, W., *El mundo histórico*, México, FCE, Obras de W. Dilthey, vol. **VII**, p.215.

positivista e que pretendia, inspirada em Fechner, uma abordagem quantitativa dos fenômenos psíquicos. É o caso de Herbart, a quem está ligado Theodor Meynert, que foi orientador dos estudos de Freud durante sua formação médica. Dilthey opõe-se a ambas as linhas. Opõe-se à filosofia do espírito de Hegel (por ser metafísica) e opõe-se ao positivismo, embora pretenda fazer uma ciência do espírito (tal como Hegel) que seja ao mesmo tempo positiva (tal como os positivistas).

Mas, com exceção feita a Brentano, não foi à filosofia que Freud se ligou. Sua formação intelectual se deu no interior da atmosfera cientificista e positivista, típica do ambiente universitário alemão do século XIX, na área das ciências naturais. Seu mestre mais próximo foi Theodor Meynert, professor de neuropsiquiatria na Universidade de Viena. Meynert estava ligado à tradição que remonta, através de Fechner, a Herbart.

Opondo-se à tradição kantiana, Herbart tenta uma abordagem matemática da psicologia. Em seu *Compêndio de psicologia* (1816) e na *Psicologia como ciência* (1821), Herbart propõe uma psicologia inteiramente baseada na experiência e, ao mesmo tempo, quantitativa. Esta última característica será retomada posteriormente por Fechner e transformada, por Freud, na proposta inicial do *Projeto* de 1895. Mas não é apenas através deste ponto que podemos aproximar Herbart e Freud. Herbart tem uma concepção do psiquismo que é no mínimo instigante para um leitor de Freud.

Segundo Herbart, toda idéia (*Vorstellung*) é regulada pelo que ele chama de *princípio de autopreservação.*

Essa autopreservação não é uma proteção contra uma possível destruição da idéia, mas contra sua inibição. Cada movimento das idéias está configurado entre dois pontos fixos: seu estado de completa inibição e seu estado de completa liberdade, havendo "um esforço natural e constante por parte de todas as idéias para retornar ao seu estado de liberdade total (ausência de inibições)".[5] Cada idéia é dotada, portanto, de uma certa *intensidade,* que a faz romper ou não o umbral da consciência. Se ela rompe o umbral, é *apercebida,* caso contrário, permanece em estado de tendência, lutando para se tornar consciente.

Se por um lado Herbart nos aponta para Leibniz e sua noção de inconsciente, por outro, ele faz sinal para algumas idéias de Freud. Na opinião de E. Jones, Herbart foi o único a oferecer um conceito de inconsciente dinâmico antes de Freud. De fato, ele antecipa uma série de idéias que são, hoje em dia, consideradas como exclusivamente freudianas. É o caso da noção de conflito intrapsíquico, que opõe uma idéia recalcada (*verdrängt*) a outra que é consciente, a primeira lutando por se tornar consciente e a segunda impedindo que isto aconteça; é o caso também da postulação de um princípio de equilíbrio segundo o qual os processos psíquicos se caracterizam por um esforço constante para obter o equilíbrio; é a afirmação de que as idéias se conservam integralmente; é também o caso da noção de "ressonância fisiológica" que é semelhante à "facilitação somática" de Freud; é o caso ainda da função seletiva da consciência em face das idéias re-

5 Citado por Boring, E.G., *História de la psicología experimental,* México, Trillas, 1979, p.278.

calcadas.[6] Naturalmente, essas semelhanças não fazem de Herbart um precursor de Freud. Elas expressam muito mais um solo comum a ambos do que uma linha teórica contínua ligando a concepção herbartiana à teoria psicanalítica. O fundamental a se destacar em Herbart, e que é um ponto em comum que ele indiscutivelmente possui com Freud, é a sua crença inabalável de que os processos psíquicos são passíveis de serem expressos por leis científicas.

Não é apenas em Herbart que encontramos pontos semelhantes com a teoria freudiana. Podemos fazer o mesmo com Fechner, Helmholz, Meynert, Brücke e, sobretudo, com Sigmund Exner, assistente de Brücke no laboratório de fisiologia da Universidade de Viena.

Em 1894, um ano antes de Freud iniciar a redação do *Projeto*, Exner publicou um trabalho (*Entwurf zu einer psychologischen Erklärung der psychischen Erscheinungen*) que indubitavelmente deve ter-se constituído na influência imediata mais forte sofrida por Freud para empreender a redação de sua "psicologia". Tal como no caso de Herbart, a obra de Exner mantém vários pontos em comum com o texto do *Projeto*. Trata-se também de uma concepção quantitativa do funcionamento do sistema nervoso, na qual termos como "soma de excitações", "canalização da excitação", "função de inibição", assim como a afirmação do princípio de prazer-desprazer como princípio regulador do psiquismo, são elementos centrais do trabalho. E Exner foi professor de Freud.

6 Op. cit., pp.383-385.

Quando Freud se decide por escrever (ou rascunhar) o *Projeto*, ele o faz tendo por solo um saber que abriga, por um lado, a filosofia do espírito, a qual nos remete à série que constitui o chamado idealismo alemão com Hegel, Schelling, Fichte, Kant, até Leibniz, e por outro lado, à série constituída pelas ciências da natureza, ligada à mentalidade cientificista e positivista, que vai de Herbart a Exner, para citar apenas autores de língua alemã.

O *Projeto* não é, pois, uma obra estranha à sua época. O que se constitui como questão é o fato de Freud na primeira linha da Introdução, ter aparentemente tomado partido, de forma tão resoluta, por uma dessas séries. Digo "aparentemente", porque não é de forma alguma seguro que a filiação teórica de Freud nos remeta mais a um Herbart do que, por exemplo, à tradição aristotélica através de Brentano. Não podemos nos esquecer de que Freud assistiu, durante dois anos, quando era ainda estudante de medicina, os cursos de Brentano na Universidade de Viena, e é difícil evitar a tentação de vermos na noção de *Vorstellung*, que tanta importância vai ter nos primeiros textos de Freud, uma dívida para com Brentano. Isto sem levarmos em conta que seus primeiros textos teóricos (*Para uma concepção das afasias*, por exemplo) são escritos numa linguagem muito mais próxima da linguagem filosófica da época do que da linguagem propriamente médica (apesar de o tema ser neurológico). A verdade, porém, é que o estabelecimento de "filiações" e "parentescos", além de ser precário e freqüentemente arbitrário, não é suficiente para revelar o sentido de um texto. Ao contrário, pode acontecer de uma linhagem histórica muito explícita ocultar o propósito do texto. O fato de Freud ter afirmado, logo nas primeiras linhas do *Projeto*, seu propósito de oferecer uma concepção quantitativa dos processos psíquicos, não torna segura sua filiação a Herbart, por exemplo.

Poderíamos ainda pensar que a declaração de Freud quanto a fazer uma ciência natural não tenha tido para ele o mesmo sentido que tem para nós hoje em dia. Freud tinha a mais profunda convicção de que a ciência é a produção suprema do homem e a única capaz de conduzi-lo ao conhecimento. Assim, elaborar uma ciência do psiquismo entendida como "ciência natural" poderia significar pura e simplesmente, elaborar uma *ciência*. O termo "ciência natural" poderia estar designando, para ele, uma exigência de rigor teórico-conceitual mais do que uma exigência naturalista. No termo composto, a ênfase estaria, pois, em *ciência* e não em *natural*. As chamadas "ciências do espírito" só receberam este nome a partir de Dilthey, portanto, na mesma época em que ele escrevia o *Projeto*. O próprio Hegel empregava o termo "Filosofia do Espírito" (*Philosophie des Geistes*) ou "Ciência da lógica" (para designar sua *Logik*), mas não emprega o termo "ciências do espírito" (*Geisteswissenschaften*), pelo menos no sentido em que foi empregado posteriormente por Dilthey, Rickert ou Windelband. É provável, portanto, que para Freud o termo "ciência natural" fosse, pura e simplesmente, sinônimo de "ciência" e não uma tomada de posição a favor de uma concepção naturalista dos processos psíquicos. Creio, porém, que a resposta a essa questão só poderá ser dada após a leitura e a análise do texto do *Projeto*. Uma coisa porém é certa, Freud não pretendia constituir sua "psicologia" como *compreensiva*; decisão que persistiria mesmo depois de ter fundado a psicanálise.

2. *O neurônio (N) e a quantidade (Qη).*

Na pequena Introdução, Freud coloca as duas idéias reitoras do *Projeto*:

1) "Conceber o que diferencia a atividade do repouso como uma Q submetida à lei geral do movimento";

2) "Supor como partículas materiais os *neurônios*".

Nenhuma das duas idéias, consideradas isoladamente, se constituía como grande novidade. Quatro anos antes de Freud escrever o *Projeto*, W. Waldeyer já havia apontado o neurônio como o suporte material e a unidade fundamental do sistema nervoso; e a idéia de uma energia circulando pelo sistema nervoso, Breuer faz remontar a Cabanis num texto de 1824.[7] A novidade está em como Freud articula essas duas idéias no *Projeto*.

O neurônio é concebido como o suporte material e o elemento constituinte do aparato psíquico. Cada neurônio é uma unidade separada, sendo que todos os neurônios são iguais, não havendo diferença de natureza entre eles. A diferença que Freud vai estabelecer entre os neurônios φ, ψ e ω não é uma diferença de natureza, mas uma diferença estrutural. Não se trata propriamente de *neurônios* φ, ψ e ω, mas de *sistema* φ de neurônios, *sistema* ψ de neurônios e *sistema* ω de neurônios. Afirmar que cada neurônio é uma unidade separada significa dizer que é independente anatomicamente, embora articulado com os demais

7 *AE*, **1**, p.339 n1 e n2; *ESB*, **1**, p.315n1 e n2.

neurônios por contiguidade, formando uma intrincada rede de conexões. Histologicamente, o neurônio é concebido por Freud como dotado de um núcleo com uma via de entrada e duas de saída. Essas bifurcações se ramificam em novas bifurcações, constituindo a trama complexa dos neurônios. Os neurônios são condutores de energia, sendo que dependendo do sistema por eles formado, são também capazes de armazenar energia.

O aparelho neuronal concebido por Freud no *Projeto* é um aparelho capaz de transmitir e de transformar uma energia determinada. Este aparelho neuronal deve ser entendido como um modelo explicativo, não tendo necessariamente uma correspondência exata com o sistema nervoso tal como entendido pela neurologia, embora Freud estabeleça um certo isomorfismo entre o cérebro e o modelo de aparelho psíquico do *Projeto*. O modelo é tomado de empréstimo à física, particularmente à termodinâmica (e não à mecânica, como sugere o primeiro parágrafo da Introdução), sendo que esse referencial nem sempre é obedecido com rigor. Da mesma forma, os neurônios — as partículas materiais que compõem o aparelho — não correspondem aos dados da histologia e da neurologia de sua época.

Não quero dizer com isso que o modelo oferecido por Freud no *Projeto* não seja um modelo neurológico — embora não me pareça ser este o seu aspecto mais importante —, mas sim que essa neurologia e a anatomia que ele nos apresenta são fantásticas. O *Projeto* não é um trabalho descritivo baseado em observações e experimentos, mas um trabalho teórico de natureza fundamentalmente hipotética. Sem dúvida alguma, Freud se beneficiou das descobertas feitas pela ciência de sua época, mas não lhe prestou obediência estrita. Assim, em 1891, Wilhelm Waldeyer publicou um trabalho, resultado de uma longa série de estudos experimentais, no qual introduz o termo "neurônio" para designar o elemento constituinte do tecido nervoso. O próprio Freud já havia chegado, com absoluta independência de Waldeyer, a conclusões semelhantes às dele, o que o torna um dos pioneiros da teoria neuronal.[8] No entanto, os neurônios aos quais ele se refere como constituindo a base material do aparelho psíquico não correspondem às descobertas da histologia do século XIX. O *Projeto* não é, portanto, uma tentativa de explicação do funcionamento do aparelho psíquico em bases anatômicas, mas, ao contrário, implica uma recusa da anatomia e da neurologia da época, e a conseqüente elaboração de uma "metapsicologia". Daí, a afirmação de Lacan segundo a qual "o que constitui o interesse ardente que podemos ter lendo o *Entwurf* não é a pobre contribuiçãozinha a uma fisiologia fantasista que ela comporta".[9]

A quantidade (Q) é a energia que circula pelos neurônios, capaz de deslocamento e descarga. Numa carta a Fliess, escrita poucos meses antes do *Projeto*,[10] Freud declara estar atormentado com que forma irá assumir a teoria do funcionamento mental se nela forem introduzidas considerações quantitativas, "uma espécie de economia das forças nervosas".

A noção de *quantidade* apresenta alguma dificuldade, pelo fato de Freud representá-la ora pela abre-

[8] Cf. Jones, E., *Vida y obra de Sigmund Freud,* B. Aires, Paidos, 1960, p. 61.

[9] Lacan, J., *O seminário,* Livro 7, Rio, Zahar, 1988, p.50.

[10] Carta de 25 de maio de 1895.

viatura Q, ora pela abreviatura Qη. Mesmo o fato de Q ser identificada à energia psíquica não fica claro no texto. Em nenhum momento do texto Freud fala em "energia psíquica", e mais comumente refere-se a Q como "excitação". Algumas vezes emprega Q para designar de forma genérica a energia que circula pelo sistema nervoso; outras vezes ele distingue Q de Qη, a primeira designando a energia de fonte exógena e que é da mesma ordem de magnitude que as quantidades do mundo externo, e a segunda designando a energia de fonte endógena, cuja magnitude é de ordem intercelular e portanto inferior à de Q. No entanto, o emprego que Freud faz desses termos nem sempre é livre de ambigüidade. Por enquanto, vamos considerar Q como designando a quantidade de excitação ligada à estimulação sensorial externa, e Qη como designando a quantidade de excitação interna, de ordem intercelular. Ou ainda, Qη como sendo de ordem psíquica, e Q indicando uma quantidade externa.[11]

3. *Quantidade e intensidade.*

Quando digo que as idéias acima, consideradas em si mesmas, não apresentam grande novidade, não estou me referindo ao emprego que Freud faz delas no *Projeto*, mas ao fato de que, de alguma maneira, elas já faziam parte do cenário científico da época. Já vimos que a proposta de quantificação em psicologia remon-

[11] Cf. *AE*, p.410; *ESB*, p.377.

ta a Herbart e que está ligada à própria exigência de cientificidade dos saberes do século XIX. Freud não se esquivou a essa exigência, sendo que sua experiência clínica sugeriu um caminho a ser tomado inicialmente. Partindo dos casos de histeria e de neurose obsessiva, ele levanta a hipótese de uma proporcionalidade entre a intensidade dos traumas e a intensidade dos sintomas por eles produzidos. De fato, desde as primeiras décadas do século, Weber e em seguida Fechner procuravam, com a psicofísica, estabelecer uma relação exata entre a magnitude do estímulo e a da resposta. A novidade de Freud consistiu em transportar essa possibilidade para o campo da psicopatologia. A concepção quantitativa, diz ele, "deriva diretamente de observações patológico-clínicas, em particular aquelas que se referem a representações hiperintensas, como na histeria e na neurose obsessiva".[12] Mais de quarenta anos depois, em *Análise terminável e interminável* (1937), ele ainda aponta o fator quantitativo como decisivo para a teoria psicanalítica.[13]

Freud é muito claro quando, logo na primeira página do *Projeto*, propõe uma concepção quantitativa dos processos psíquicos, e as noções de soma de excitação (*Erregungssumme*), quantidade de excitação (*Erregungsgrosse*), cota de afeto (*Affektbetrag*) e somação (*Summation*) constituem-se como expressão dessa proposta. No entanto, ao nos apresentar o modo de funcionamento do aparelho psíquico, ele afirma que "a quantidade em φ se expressa por complicação [*Kom-*

12 *AE*, **1**, p.339; *ESB*, **1**, 315; *AdA*, p.305.
13 *AE*, **23**, pp.227 e seg.; *ESB*, **23**, pp.255 e seg.; *GW*, **16**, pp.68 e seg.

plikation] em ψ.[14] O termo *Komplikation*, aqui, tendo mais o sentido de "complexão" (união, conjunto) do que de "complicação" (confusão); de qualquer forma, algo que, apesar de dizer respeito a quantidades, sugere uma dimensão não apenas quantitativa.

Numa passagem de *As neuropsicoses de defesa*, de 1894, encontramos que "nas funções psíquicas cabe distinguir algo (cota de afeto, soma de excitação) que tem todas as propriedades de uma quantidade — embora não tenhamos meios de medi-la —; algo que é passível de aumento, diminuição, deslocamento e descarga, e se difunde pelas marcas mnêmicas das representações como o faria uma carga elétrica pela superfície dos corpos".[15]

Sobre esta passagem podemos fazer algumas considerações iniciais. A primeira delas diz respeito à aparente identificação da cota de afeto (*Affektbetrag*) com a soma de excitação (*Erregungssumme*). Os termos não são sinônimos, e em que pese uma certa imprecisão terminológica presente nos primeiros textos freudianos, podemos encontrar apoio para uma distinção preliminar. Ambos os termos dizem respeito ao fator quantitativo postulado por Freud em sua hipótese econômica, no entanto, enquanto "soma de excitação" aponta mais para a origem da quantidade, "cota de afeto" aponta para o fator intensivo capaz de se destacar da representação e encontrar destinos independentes desta última. Ambas as noções (soma de excitação e cota de afeto) são *intensivas* e não propriamente quantitativas. Quando Freud diz que são pas-

14 *AE*, **1**, p.359; *ESB*, **1**, p.333; *AdA*, p.332.
15 *AE*, **3**, p.61; *ESB*, **3**, p.65; *GW*, **1**, p.74.

síveis de aumento e diminuição (embora não tenhamos meios de medi-la), ele não está nos apontando um problema técnico, o da medida dessa quantidade, mas um problema metapsicológico, o da distinção entre *quantidades* e *intensidades*.

Em seu artigo "Contribuição à controvérsia sobre o ponto de vista econômico",[16] Carlos Paes de Barros afirma que "não cabe a menor dúvida quanto à natureza do Princípio de constância da soma de excitação: trata-se de uma proposição sobre a tendência do sistema nervoso (e do aparelho psíquico) a manter constante não a quantidade de energia neurônica (*Erregungsgrösse*), mas seu nível de intensidade (*Erregungssumme*)", o que o leva a concluir que a hipótese quantitativa proposta por Freud é uma hipótese sobre a regulação da intensidade e não uma hipótese de conservação da quantidade.

De fato, o princípio de constância foi freqüentemente aproximado ao princípio físico da conservação de energia (segundo o qual, num sistema fechado, a soma das energias se mantém constante), ou ainda ao segundo princípio da termodinâmica (segundo o qual, num sistema fechado, as diferenças de nível energético tendem para um estado final de igualação, portanto, de um acréscimo de entropia). Segundo Paes de Barros, o primeiro princípio da termodinâmica trata da conservação da quantidade, enquanto que o segundo princípio trata do aumento da entropia, ou da diminuição de uma intensidade (o potencial termo-

16 Barros, C. P., "Contribuição à controvérsia sobre o ponto de vista econômico", in: *Psicanálise: problemas metodológicos*, Petrópolis, Vozes, 1975.

dinâmico). O princípio de constância, proposto por Freud, não se confunde nem com o primeiro, nem com o segundo, ele diz respeito à *regulação da intensidade* e não à *conservação da quantidade*. Embora possa ser pensado segundo o modelo termodinâmico, o princípio de constância da soma de excitação não se confunde com nenhum dos princípios da termodinâmica.

A indefinição referente à quantidade e à intensidade está presente desde a primeira página do *Projeto*. Ao estabelecer sua primeira proposição principal, a da concepção quantitativa, Freud declara que ela foi extraída de observações clínicas, particularmente daquelas referentes às representações excessivamente intensas, como na histeria e na neurose obsessiva.[17] Da mesma forma, em *A propósito das críticas à neurose de angústia*, de 1895, ele afirma que "existem motivos que, embora possuidores de eficiência etiológica, têm que atuar com certa *intensidade* (ou *quantidade*) e durante um certo período de tempo para exercerem seu efeito, vale dizer, têm que *somar-se*".[18] Ou ainda, quando levanta a hipótese de uma proporcionalidade entre a *intensidade* dos traumas e a *intensidade* dos sintomas por eles produzidos.[19] Os exemplos de imprecisão terminológica ou mesmo de indefinição, como o de se referir à "intensidade (ou quantidade)", citado acima, não significa que Freud confunda as duas noções ou que tente reduzir uma à outra; no decorrer de sua obra essas noções vão ganhando em rigor e precisão, mas nestes textos iniciais temos que distingui-los com mais clareza.

17 *AE*, **1**, p.339; *ESB*, **1**, p.315; *AdA*, p.305.
18 *AE*, **3**, p.129-130; *ESB*, **3**, p.124-125; *GW*, **1**, p.365.
19 *AE*, **1**, p.171; *ESB*, **1**, p.157.

Em geral, o termo *quantidade* aplica-se a algo que é efetivamente medido ou que é mensurável, embora não seja atualmente expresso por um número; opõe-se à *qualidade*, que se refere aos aspectos sensíveis da percepção. A *intensidade*, por sua vez, é a propriedade de algo que está sujeito a aumento ou diminuição e que apesar de implicar a quantidade, não é redutível a ela. Em certos casos, a intensidade é considerada como a expressão qualitativa de uma quantidade.

Mesmo no caso acima, onde ele fala de "intensidade (ou quantidade", não se trata propriamente de confusão, mas da implicação necessária das duas noções (de intensidade e de quantidade). A idéia de um fator quantitativo como determinante do bom funcionamento do sistema nervoso, foi explicitada, pela primeira vez, no *Esboços para a "comunicação preliminar"* (1892). Nele, Freud denomina "soma de excitação" (*Erregungssumme*) esse fator quantitativo que deve ser mantido constante pelo escoamento por via associativa do acúmulo de excitação (*Erregungszuwachs*).[20] A soma de excitação corresponde, pois, a uma relação entre a quantidade de excitação (*Erregungsgrösse*) e a capacidade de resistência do sistema nervoso. Embora referida à quantidade, ela expressa mais propriamente o aspecto intensivo, tal como a noção de tensão de estímulo (*Reizspannung*), enquanto que noções tais como quantidade de excitação (*Erregungsgrösse* ou *Erregungsquantität*), quantidade de energia (*Energiemenge*), quantidade de estímulo (*Reizquantität*), expressam mais um fator extensivo do que intensivo.

20 *AE*, **1**, p.190; *ESB*, **1**, p.173; *GW*, **17**, p.12.

4. *O princípio de inércia neurônica.*

O princípio de inércia neurônica é uma formulação específica do *Projeto,* não reaparecendo nos textos metapsicológicos posteriores. Segundo esse princípio, "os neurônios tendem a se livrar da quantidade (Q)".[21] Freud referencia esse princípio ao modelo de funcionamento do arco reflexo, segundo o qual a quantidade de excitação recebida pelo neurônio sensitivo deve ser inteiramente descarregada na extremidade motora. Essa descarga representa a função primordial do sistema nervoso, sendo que a ela soma-se uma outra segundo a qual o sistema neurônico procura não apenas livrar-se de Q, mas conservar aquelas vias de escoamento que o possibilitam manter-se afastado das fontes de excitação. Portanto, além da função de *descarga,* há também a *fuga do estímulo.* É o que Freud chama de função neurônica primária.

No entanto, o princípio de inércia não atua isolado. Desde o início, como veremos mais adiante, ele é entravado por outro modo de funcionamento do aparelho, cuja característica é evitar o livre escoamento da energia. Isto ocorre porque o sistema nervoso recebe não apenas estímulos originários do exterior, mas também estímulos de natureza endógena, isto é, provenientes do próprio corpo. Esses estímulos são os que criam as grandes necessidades, tais como a fome, a respiração e a sexualidade.[22] Ao contrário dos estímulos externos que podem ser evitados, os estímulos

21 *AE,* **1**, p.340; *ESB,* **1**, 316; *AdA,* p.305.

22 A estes estímulos provenientes do próprio corpo, Freud vai posteriormente articular o conceito de *pulsão* (*Trieb*).

internos não oferecem possibilidade de fuga. Eles só desaparecem ou diminuem sua intensidade após a realização da ação específica. Ocorre, porém, que se o sistema nervoso, em função do princípio de inércia neurônica, descarregasse toda a quantidade de energia de que fosse investido, ele não disporia de energia de reserva para realizar essas ações específicas destinadas a satisfazer as exigências decorrentes dos estímulos endógenos. Assim, ele é obrigado a tolerar um acúmulo de Q para essa finalidade. Como essa tendência se opõe à tendência inicial à inércia (que implicaria reduzir Q a zero), o sistema neurônico procura manter essa cota de Q num nível o mais baixo possível ao mesmo tempo que procura se proteger contra qualquer aumento da mesma, isto é, procura mantê-la constante. Esta é a *lei da constância*, que aparece no *Projeto* como uma lei secundária, não sendo ainda enunciada como um princípio independente. É somente em *Além do princípio de prazer*, em 1920, que Freud vai enunciar de forma explícita um *princípio de constância*. No entanto, desde sua colaboração com Breuer, o princípio de constância está presente, embora de forma não totalmente explícita, em seus escritos.

No *Projeto* há uma quase identificação do princípio de inércia com o princípio de prazer: "Como já temos o conhecimento de uma tendência da vida psíquica a *evitar o desprazer*, somos tentados a identificá-la com a tendência primária à inércia."[23] O desprazer é identificado com o aumento do estímulo, enquanto que o prazer resulta de sua diminuição. Como o prin-

[23] *AE*, **1**, p.356; *ESB*, **1**, p.330; *AdA*, p.320.

cípio de inércia neurônica enuncia a tendência do neurônio a aliviar-se da quantidade, somos tentados a identificar o princípio de inércia com o princípio de prazer. Uma certa indecisão quanto à identificação ou não dos dois princípios permanece ainda em *A interpretação de sonhos*[24] e só começa a ser esclarecida em *Além do princípio de prazer*,[25] quando Freud admite que um estado de tensão pode também ser prazeroso. Mas é em *O problema econômico do masoquismo*[26] que ele afirma claramente a impossibilidade de identificarmos o princípio de inércia com o princípio de prazer.

O que se faz presente desde os primeiros escritos de Freud é a necessidade de substituir o princípio de inércia pelo princípio de constância como princípio regulador dos processos psíquicos. De fato, já nos *Esboços da "comunicação preliminar"* (1893), Freud enuncia claramente o que posteriormente será denominado princípio de constância: "O sistema nervoso se esforça por manter constante, dentro de suas constelações funcionais, algo que se poderia denominar *soma de excitação*, e realiza esta condição de saúde eliminando por via associativa todo aumento sensível de excitação, ou então descarregando-o mediante uma reação motora correspondente."[27]

O princípio de inércia e o princípio de constância estão relacionados a uma das distinções mais fundamentais que Freud faz no *Projeto*: a distinção entre *processos primários* e *processos secundários*, dos quais trataremos mais adiante.

24 *AE*, **5**, p.588; *ESB*, **5**, p.637; *GW*, **2/3**, p.604.
25 *AE*, **18**, pp.8-9 e p.61; *ESB*, **18**, pp.19-20 e p.84; *GW*, **13**, p.5 e p.68.
26 *AE*, **19**, pp.165-6; *ESB*, **19**, p.200; *GW*, **13**, p.372.
27 *AE*, **1**, p.190; *ESB*, **1**, p.173; *GW*, **17**, p.12.

5. *O investimento* (Besetzung).[28]

A *Besetzung* é uma peça fundamental do *Projeto* de 1895. A noção de investimento faz sua aparição nos textos freudianos nos *Estudos sobre a histeria*, publicados no mesmo ano em que era redigido o *Projeto*.[29] Trata-se do primeiro emprego do termo *Besetzung* por Freud,[30] e ele o faz para designar uma representação cujo afeto não foi descarregado.[31] Um ano antes, em *As neuropsicoses de defesa*, Freud já havia afirmado que "nas funções psíquicas cabe distinguir algo (quota de afeto, soma de excitação) que tem todas as propriedades de uma quantidade — embora não tenhamos meio de medi-la —; algo que é capaz de aumento, diminuição, deslocamento e descarga, e que se difunde pelas marcas mnêmicas das representações como o faria uma carga elétrica pela superfície dos corpos".[32] Mas foi de fato no *Projeto* que a *Besetzung* adquiriu a importância de conceito fundamental. Da combinação da teoria da quantidade (Q) com o quadro dos neurônios, "obtém-se a representação de um neurônio (N) investido [*besetzt*], que está cheio de determinada Qη,

28 O termo *Besetzung* foi "traduzido" por James Strachey, na *Standard edition*, por *cathexis*, o que não agradou a Freud. A tradução brasileira insistiu no emprego do termo (*catexia*), apesar das críticas feitas a ele e de sua substituição por "investimento", consagrado nas edições mais recentes e mais cuidadosas.

29 *AE*, **2**, p.108; *ESB*, **2**, p.135; *GW*, **1**, p.145.

30 Meynert já havia, antes de Freud, empregado o termo *Besetzung*, no sentido de investimento, para designar o fato de que no processo fisiológico de ocupação do córtex cerebral pelas imagens mnêmicas, um grande número de células é investido (*Besetzt*).

31 *AE*, **2**, p.108; *ESB*, **2**, p.135; *GW*, **1**, p.145.

32 *AE*, **3**, p.61; *ESB*, **3**, p.73; *GW*, **1**, p.74.

e que outras vezes pode estar vazio".[33] O investimento consiste, portanto, no fato de a energia psíquica (Qη) estar ligada a um neurônio ou grupo de neurônios, ou a uma representação ou grupo de representações. Para que um neurônio (ou grupo de neurônios) possa estar cheio de (Qη), é necessário que algo oponha resistência à descarga total; e Freud localiza essa resistência nos contatos entre os neurônios (sinapses), contatos estes que funcionariam como barreiras contra a descarga, permitindo que o neurônio seja ocupado (*besetzt*) pela (Qη). Esta é a hipótese das *barreiras de contato.*

A noção de investimento surge dentro de um contexto neurológico; tratava-se de explicar a ocupação de um neurônio (ou de vários) pela quantidade (Q). A transposição da *Besetzung* para o plano psicológico modificava significativamente a idéia inicial que era a de referir o investimento a processos materiais (neuronais), e não é a mesma coisa falarmos em neurônios investidos e em representações (*Vorstellungen*) investidas. Essa mudança, que já se insinua no *Projeto*, é operada de forma radical a partir da *Traumdeutung.*

Voltemos porém ao texto *As neuropsicoses de defesa*. O que temos aqui é um símil da *Besetzung*, sendo que o próprio fato de Freud comparar esse "algo", que tem todas as características de uma quantidade, a uma *carga* elétrica (*elektrische Landung*), faz com que o aproximemos à noção de carga (*Landung*), o que nos remeteria, por exemplo, à carga de afeto (*Affektlandung*). O

33 *AE*, **1**, p.342; *ESB*, **1**, p.318; *AdA*, p.307.

fato, porém, de o próprio Freud assimilar esse "algo" à quota de afeto (*Affektbetrag*) ou à soma de excitação (*Erregungssumme*) faz-nos pensar num fator intensivo mais do que numa quantidade pura. De qualquer forma, não parece indicado assimilar a *Besetzung* com o *Affektbetrag*, e menos ainda com o *Affektlandung*. A noção de carga (*Landung*) é mais apropriada para sistemas inanimados, sendo inassimilável ao investimento, que se refere especificamente a processos que ocorram no ser vivo, sendo que no caso do *Projeto*, não apenas ao ser vivo, mas a uma parte dele, ao aparato neurônico.

No entanto, a questão não é de maneira nenhuma simples. Quando Freud emprega o termo *Besetzung* pela primeira vez nos *Estudos sobre a histeria*, ele o faz de um modo tal que "investimento" e "afeto" praticamente sejam considerados sinônimos; trata-se de um afeto que, ao invés de ser descarregado, fica ligado a uma representação. Concepção análoga está presente no artigo metapsicológico "O recalque" (*Die Verdrangung*), quando Freud refere-se à representação (*Vorstellung*) como investida a partir da pulsão com um determinado *quantum* de energia psíquica, e em seguida nomeia esse *quantum* de energia psíquica de "quota de afeto" (*Affektbetrag*).[34] Um dos efeitos do recalcamento consiste precisamente numa retirada do *investimento energético*. De fato, essa concepção nos fornece uma idéia do investimento como uma carga que se coloca ou se retira de alguma coisa, no caso, de uma representação; no entanto, a *Besetzung*, tal como descrita no *Projeto*, é muito mais sutil do que pode parecer

34 *AE*, **14**, p.147; *ESB*, **14**, p.176; *GW*, **10**, p.255.

a uma primeira e rápida leitura. Não se trata apenas da ocupação de um neurônio ou conjunto de neurônios pela Qη, mas de uma ocupação que leva em conta a posição recíproca dos neurônios, a direção da corrente (*Strömmung*) no neurônio, a relação entre o investimento e a facilitação (*Bahnung*), a constituição de percursos privilegiados, enfim, uma estratégia de ocupação capaz de dar conta da complexidade do aparato. Os dois itens seguintes, sobre as barreiras de contato e sobre a facilitação (*Bahnung*), complementam o que foi dito aqui sobre o investimento.

6. *As barreiras de contato* (Kontaktschranke).

A hipótese das barreiras de contato é fundamental para a explicação de uma das funções mais importantes do aparelho neuronal concebido por Freud: a memória. Sem a capacidade de armazenar informações, o aparelho ficaria reduzido a um mero condutor, algo semelhante a um fio que conduz energia elétrica mas que não é capaz de armazená-la. Sem a memória, o aparelho sequer seria um "aparelho", isto é, algo composto de partes distintas, limites definidos e de um princípio de funcionamento que não fosse o da mera descarga. No entanto, não devemos confundir essa "memória neuronal" com a memória tal como é entendida pela psicologia. Não se trata da memória consciente, mas da capacidade do tecido nervoso de ser alterado de forma permanente, contrariamente a uma matéria que permitisse a passagem da energia e retornasse ao seu estado anterior.

Trata-se, portanto, de distinguir entre neurônios permeáveis (condutores mas não retentores de Qη) e neurônios impermeáveis (retentores de Qη), sendo que a permeabilidade ou a impermeabilidade decorrem da resistência nas barreiras de contato. Se a resistência nas barreiras de contato for de magnitude maior do que a magnitude de Q, teremos neurônios impermeáveis, retentores de Qη. É esta distinção entre neurônios permeáveis e neurônios impermeáveis que vai tornar possível a Freud falar de uma memória neurônica. Mais ainda, enquanto os neurônios impermeáveis servem à memória, os neurônios permeáveis servem à percepção. Segundo ele, os mesmos neurônios não podem servir à memória e à percepção. Isto porque, para que o processo perceptivo possa se dar na fluidez que lhe é própria, é necessário que ele encontre sempre uma estrutura que permaneça inalterada a cada nova percepção. Podemos comparar essa estrutura às lentes de um óculos. Se de cada coisa percebida as lentes mantivessem o registro, em pouco tempo não conseguiríamos perceber mais nada; é necessário, pois, que elas se mantenham permanentemente transparentes. As lentes dos óculos não podem ter memória. De forma análoga, o sistema dos neurônios perceptivos tem que ser diferente do sistema dos neurônios portadores de memória. Freud denomina os primeiros de neurônios φ e os segundos de neurônios ψ.

A distinção acima está em perfeita harmonia com o que Freud aponta como sendo, em termos evolutivos, as duas características do sistema nervoso: 1) a recepção de estímulos externos, e 2) a descarga de excitações endógenas;[35] a cada uma destas funções

35 *AE*, **1**, p.347; *ESB*, **1**, p.322; *AdA*, p.312.

correspondendo um sistema de neurônios: o sistema φ para a recepção de estímulos externos e o sistema ψ para as excitações endógenas. Do ponto de vista anatômico, o sistema φ corresponderia à substância cinzenta da medula espinal, enquanto o sistema ψ corresponderia à substância cinzenta do cérebro; a primeira tendo contato direto com o mundo externo e a segunda carecendo de ligações periféricas.

Já vimos que os neurônios φ são permeáveis e que os neurônios ψ são impermeáveis. A questão é: como os neurônios ψ adquiriram essa impermeabilidade? A resposta poderia ser que ψ possui barreiras de contato e que estas seriam as responsáveis pela retenção de Q. Mas φ também possui barreiras de contato, portanto, não se pode atribuir às barreiras de contato, sem mais nada, a memória neurônica. A diferença poderia ser atribuída, ainda, a uma diferença de valências em φ e ψ, mas Freud descarta esta possibilidade por considerá-la arbitrária. A solução dada por ele aponta para a estrutura e a função do sistema nervoso, e não para a natureza dos neurônios φ e ψ.

Tanto os neurônios φ como os ψ possuem barreiras de contato (sinapses). A diferença fundamental entre os dois sistemas de neurônios reside em que as barreiras de contato em φ permanecem inalteradas após a passagem de Qη, enquanto que as barreiras de contato em ψ são alteradas com a passagem de Qη e que esta alteração é permanente. As barreiras de contato em φ não oferecem resistência à passagem de Qη, enquanto que as barreiras de contato em ψ são resistentes.

Os neurônios φ, por estarem diretamente ligados às Q externas muito intensas, têm pouca possibilidade de estabelecerem resistências nas barreiras de contato, enquanto que os neurônios ψ, por serem submetidos a Qη de intensidade mais fraca, estabelecem com maior facilidade resistências nas barreiras de contato. Mas esta diferença tem que ser esclarecida, pois na verdade os neurônios φ são mais protegidos do que os neurônios ψ.

É indiscutível que o mundo externo é fonte de grandes quantidades de energia; o sistema φ, na medida em que esteja voltado para o mundo externo, estaria mais exposto aos danos possíveis decorrentes da invasão de Q. Ocorre porém que a terminação dos neurônios φ não está em contato direto com o mundo externo, ela é protegida desse contato direto pelos aparelhos nervosos terminais (órgãos dos sentidos), que são estruturas celulares cuja função é a recepção do estímulo exógeno, funcionando como telas protetoras e deixando passar apenas frações de Q exógenas para os neurônios φ. Desta forma, eles encontram-se protegidos contra uma invasão insuportável de Q.[36] Mas se o organismo vivo erigiu escudos protetores contra o excesso de estimulação do mundo externo, o mesmo não ocorreu, com a mesma eficiência, no que se refere aos estímulos originados do interior do próprio corpo. O sistema ψ está em conexão direta com os estímulos endógenos, além da conexão indireta com as Q exógenas através de φ. Foi precisamente isto que Freud apontou como sendo a "mola pulsional do mecanismo psíquico" (*die Triebfeder des psychischen Mechanismus*).[37]

36 Essa idéia de tela protetora ou de proteção antiestímulo, Freud retoma vinte e cinco anos depois, no cap. IV de *Além do princípio de prazer* (*AE*, **18**, p.27; *ESB*, **18**, p.43; *GW*, **13**, p.26).
37 *AdA*, p.324; *AE*, **1**, p.360; *ESB*, **1**, p.419.

A excitação (*Reiz*) decorrente dos estímulos internos funcionam como uma força constante (*konstante Kraft*), diferentemente da excitação decorrente dos estímulos externos que atuam como uma força momentânea. Essa *Triebfeder* deve ser entendida como uma exigência de trabalho feita ao sistema ψ por acréscimo da Qη. Uma primeira conseqüência deste acréscimo é um impulso (*Drang*) em direção à descarga. É portanto em função desse *Triebreiz*, dessa excitação pulsional, que vai se dar o investimento no sistema ψ, impondo-lhe uma exigência de trabalho que Freud está, nesse momento inicial, caracterizando como "a mola pulsional" que faz funcionar o sistema ψ.

7. Bahnung *(facilitação ou trilhamento)*.

A distinção entre neurônios permeáveis e neurônios impermeáveis é o suporte necessário para Freud conceber o sistema ψ como um aparato de memória que se forma por estratificação sucessiva.[38] "Essa memória é constituída pelas facilitações [*Bahnungen*] existentes entre os neurônios ψ."[39]

A noção de *Bahnung*, crucial para a concepção freudiana do aparato psíquico, é em grande parte obscurecida pelas traduções dadas ao termo: *facilitação* em português, *frayage* (no sentido de *facilitation*) em francês, *facilitation* em inglês, *facilitación* em espanhol. Em todos os casos, o sentido apontado é o de

38 *AE*, **1**, p.274; *ESB*, **1**, p.254.
39 *AE*, **1**, p.344; *ESB*, **1**, p.320; *AdA*, p.309.

uma facilitação nas barreiras de contato que diminui a resistência à passagem da energia. A tradução não está incorreta e tampouco trai o sentido original do termo alemão. *Bahnung* é derivado de *Bahn* que significa "via", "caminho", "estrada de ferro", portanto, coisas facilitadoras na condução de algo. Creio, porém, que devemos entender essa *Bahn* não propriamente no sentido de uma estrada, de algo preexistente ao nosso caminhar, mas sim no sentido de uma *trilha* que vamos abrindo com o próprio caminhar. Se numa floresta abrimos uma trilha, esta se torna, num segundo momento, facilitadora do nosso percurso; e se percorremos a floresta em várias direções, cada trilha aberta se torna uma via privilegiada nos percursos posteriores. Mas se cada trilha é facilitadora de um percurso, ela o é à condição de excluir outros percursos. Se na segunda vez eu tendo a percorrer a trilha anteriormente aberta, isto implica uma seleção com relação a outros percursos novos ou já existentes. Um *trilhamento*, portanto, é uma trama de caminhos facilitadores em certas direções e dificultadores em outras. Esse trilhamento ou essa trama de facilitações/dificultações é passível de um reordenamento, pois de tempos em tempos as marcas mnêmicas sofrem um reordenamento segundo novos nexos.[40] O que temos, portanto, no sistema ψ não é apenas a quantidade (Q), mas a quantidade mais a *Bahnung*.

O importante a ser destacado é que a *Bahnung* não é uma facilitação pura e simples. Ela constitui uma cadeia na qual os percursos são diferenciados. Se to-

40 *AE*, **1**, p.274; *ESB*, **1**, p.254.

das as barreiras de contato fossem igualmente facilitadas ou se todas as facilitações oferecessem a mesma resistência, o percurso de uma excitação seria inteiramente fortuito e não haveria memória. O que caracteriza a memória é precisamente o fato de que a diminuição das resistências oferecidas por certas barreiras de contato "facilitam" o percurso em determinadas direções e não em outras, o que dá lugar à repetição dos percursos facilitados. E o texto de Freud é de extrema clareza quanto a isso: "Se a facilitação fosse igual em todas as partes, não se explicaria a predileção por um caminho", ou ainda: "A memória está constituída pelas diferenças dentro das facilitações entre os neurônios ψ."[41]

A repetição de um determinado percurso, e conseqüentemente a memória, vai se dar em função de facilitações que foram deixadas por percursos anteriores. Não se trata de um processo mecânico, não é um puro e simples reforçamento de um percurso pela repetição numérica da passagem da Qη, mas um processo que implica um diferencial de valor entre os vários caminhos possíveis. As *Bahnungen* formam, na trama dos neurônios, caminhos privilegiados que se entrecruzam formando uma rede complexa, de tal modo que a repetição exata de um mesmo percurso seja praticamente impossível. A memória não é, pois, a reprodução mecânica e idêntica de um traço concebido como algo imutável, mas uma memória constituída pela diferença de caminhos eles mesmos móveis.

41 *AE*, **1**, pp.344 e 345; *ESB*, **1**, p.320; *AdA*, p.309.

É necessário, contudo, não confundir a *Bahnung* com a quantidade de investimento retido. *Bahnung* não é *Besetzung*. A *Bahnung* é um trilhamento que se constitui pelo diferencial facilitação/dificultação no percurso da excitação. Se por um lado ela constitui a memória neurônica, por outro, está a serviço da função primária (descarga).[42] Essa descarga só não é total porque o sistema dos neurônios, premido pela necessidade vital, pelo *Not des Lebens*, é obrigado a suportar um acúmulo de Qη para poder executar uma ação específica.

A noção de *Bahnung* é, no entanto, bem mais complexa do que me foi permitido expor neste ponto em que estamos do *Projeto*. Mais à frente teremos elementos para articular essa noção de cadeia de neurônios à noção de cadeia de *Vorstellungen*, para enfim, como sugere Lacan, aproximá-la da cadeia significante.

8. O sistema ω e a consciência.

Até aqui fizemos referência aos sistemas dos neurônios: o sistema φ e o sistema ψ. A característica fundamental do primeiro sistema (φ) é a permeabilidade. Ele é constituído de neurônios que apenas conduzem a energia proveniente da fonte exógena, e sendo regido pelo princípio de inércia neurônica, tende a se livrar de toda Q circulante. O segundo sistema (ψ), diferentemente do primeiro, tem a capacidade de ar-

42 Ibid.

mazenar energia, tanto a que ele recebe diretamente da fonte endógena, quanto a que recebe indiretamente da fonte exógena via φ. Essa capacidade de armazenamento possibilita-lhe memória, associação, pensamento, etc. Porém, tanto os processos que se dão no sistema φ como os que ocorrem no sistema ψ são inconscientes.[43] E aqui Freud se depara com um problema particularmente delicado para a teoria psicanalítica: o da consciência, objeto por excelência da especulação filosófica desde Descartes.

Já nas primeiras linhas do *Projeto* a consciência se constitui como problema, apesar de sequer ser mencionada; é que Freud se propõe fornecer uma explicação dos processos psíquicos em termos puramente quantitativos. Para tanto, ele conta inicialmente com dois elementos fundamentais — os neurônios e a quantidade (Q) — distribuídos em dois sistemas (φ e ψ), e um princípio, o princípio de inércia neurônica. Cedo, porém, sua concepção quantitativa começa a dar mostras de insuficiência, a começar pelo próprio fato de levantar dúvidas quanto a ser rigorosamente uma concepção quantitativa (o que já foi discutido no item 3). É porém quando ele precisa esclarecer a origem da *qualidade*, que o problema da consciência aparece de forma plena. Se com os sistemas φ e ψ Freud dá conta da *quantidade*, a *qualidade* (característica essencial da consciência) permanece para ele um problema.

43 Dizer que os processos que se dão nos sistemas φ e ψ são inconscientes não significa dizer que eles constituem *o inconsciente*. O que temos presente nestes textos anteriores a 1900 é, quando muito, um inconsciente em função, mas não o inconsciente concebido como um sistema ou o inconsciente como estrutura.

Quando consideramos algo sob o aspecto da quantidade, o que temos em vista é uma entidade considerada como distinta das qualidades sensíveis, e capaz de aumento e diminuição, embora não necessariamente mensurável. Freud considera a quantidade como um *quantum* finito e determinado de energia que circula pelo aparato psíquico. A *qualidade* é outra coisa. Não é redutível à quantidade e diz respeito aos aspectos sensíveis da percepção. Uma cor, um som, uma textura, o quente e o frio, são qualidades. As qualidades apresentam-se ainda como séries, como semelhanças e diferenças, como sínteses das impressões elementares. Portanto, como algo que de modo algum pode ser reduzido à quantidade.

A pergunta que Freud faz é: "De onde se originam as qualidades?". A pergunta nada tem de original, foi uma das perguntas centrais de grande parte da filosofia moderna, de Descartes a Kant, e que já se encontrava presente na filosofia escolástica. Podemos, mesmo, fazer remontar essa questão à antiguidade clássica. Mas a pergunta tem para Freud um peso específico, já que nem o sistema φ nem o sistema ψ de neurônios são capazes de fornecer a qualidade, e isto além do fato de que Freud não admitia, de acordo com a ciência da época, que ela pudesse ter origem no mundo externo. De onde pois ela se origina?

"Reunimos ânimo suficiente para presumir que haja um terceiro sistema de neurônios [o sistema ω] que é excitado junto com a percepção, mas não com a reprodução, e cujos estados de excitação produzem as diversas qualidades — ou seja, são *sensações conscientes*."[44]

[44] *AE*, 1, p.353; *ESB*, 1, p.327; *AdA*, p.317.

De fato, diz Freud, se a ciência reduz as *qualidades* das nossas sensações a *quantidades* externas, o aparato neuronal tem que conter algum dispositivo responsável pela transformação das quantidades externas em qualidades, o que se coaduna perfeitamente com a idéia de que a função primária do aparato é afastar (ou descarregar) a quantidade. Sobre esse afastamento da quantidade, já fiz uma breve referência acima, quando falei da função dos órgãos dos sentidos, com seus aparatos nervosos terminais, como sendo a de impedir que grandes Q (quantidades) atingissem o sistema φ de neurônios, o mesmo acontecendo com o sistema ψ que trabalha apenas com quantidades intercelulares, portanto, de menor intensidade que as quantidades externas. O sistema ω, agora proposto, trabalha com quantidades ainda menores.

Numa carta de janeiro de 1896 (carta 39), Freud explica ao seu amigo Fliess as três maneiras pelas quais os neurônios afetam uns aos outros: 1) transferindo quantidade de um para o outro; 2) transferindo qualidade de um para o outro; 3) exercendo um efeito excitante uns sobre os outros. Os neurônios φ transferem para os neurônios ω sua qualidade (e não quantidade), enquanto que os neurônios ω não transferem para os neurônios ψ nem qualidade, nem quantidade, mas apenas excita ψ, isto é, indica para ψ as vias a serem tomadas pela energia livre ψ.[45] Nessa mesma carta, Freud situa o sistema ω entre os sistemas φ e ψ, ao que Lacan comenta[46] que "tudo no

[45] Cf. Masson, J.M. (org.), *A correspondência completa de S. Freud e W. Fliess* (1887-1904), Rio, Imago, 1986, pp.160-161.
[46] Lacan, J., *O seminário*, Livro 7, Rio, Zahar, 1988, p.66.

texto nos obriga a não colocá-lo no limite entre os dois" ... "É em outro lugar e numa posição mais isolada, menos situável do que qualquer outro aparelho, que o sistema ω funciona."

O sistema ω é o responsável pela percepção-consciência. A escolha da letra grega ômega minúscula (ω) para designar este sistema de neurônios, semelhante ao W de *Warnehmung* (percepção), é expressiva dessa relação entre percepção e consciência. Os processos de percepção envolveriam, por sua própria natureza, a consciência, sendo esta última, "o lado subjetivo de uma parte dos processos físicos do sistema nervoso, isto é, dos processos ω".[47]

Assim, enquanto os processos ω implicam a consciência, os processos ψ são inconscientes, adquirindo uma consciência secundária apenas ao serem ligados a processos de descarga e percepção. Convém relembrar que os termos "consciência" e "inconsciência" são aqui empregados por Freud adjetivamente, não designam ainda sistemas psíquicos.

O que se poderia chamar aqui de "aparelho da consciência" é um dos tópicos de maior dificuldade da teorização freudiana, e isto não apenas por ocasião da elaboração do *Projeto* de 1895, mas durante todo o percurso teórico empreendido por Freud. A primeira dificuldade consiste em se conferir inteligibilidade a um "aparelho" que, contrariamente aos sistemas φ e ψ, funciona com um mínimo de investimento ou até mesmo quando está desinvestido.[48]

47 *AE*, **1**, p.355; *ESB*, **1**, p.330; *AdA*, p.320.
48 Cf. Lacan, J., *O seminário*, Livro 2, Rio, Zahar, 1985, p.152.

A consciência não pertence nem ao sistema ψ, nem ao sistema φ. E nem poderia pertencer. Já vimos que o sistema ψ é dotado de memória e de associação, e para Freud memória e percepção não podem ser processos pertencentes a um mesmo sistema. Enquanto a memória implica neurônios impermeáveis, capazes de reter energia (e portanto informação), a percepção implica neurônios permeáveis, para que novas percepções possam se dar. Se utilizarmos a analogia do aparelho ótico que Freud emprega em *A interpretação de sonhos*, diríamos que um sistema ótico não pode funcionar, simultaneamente, como um aparelho de captar imagens e de armazenar imagens. O aparelho de consciência — o sistema ω — tem que manter uma permanente permeabilidade, o que é incompatível com uma quota de investimento tal como a que admitimos no sistema ψ. Por outro lado, a consciência também não poderia pertencer ao sistema φ. Se por um lado ele atende à exigência de uma ausência de investimento, por outro ele não atende à exigência de complexidade e de plasticidade exigidos pela consciência.

Embora o sistema da consciência seja concebido por Freud como um sistema à parte, ele mantém com os outros dois relações necessárias. Ele é alimentado por φ e é ele que por sua vez fornece a ψ as informações que vão constituir a prova de realidade para este último.

9. *Os signos de qualidade* (Qualitätszeichen).

O que o sistema ω de neurônios fornece ao sistema ψ? A resposta de Freud é inequívoca: ω fornece a ψ signos de qualidade (*Qualitätszeichen*) ou signos de realidade (*Realitätszeichen*).[49]

Freud sabia da extrema dificuldade com que a ciência da época se defrontava com o problema da qualidade. Para as ciências naturais, assim como para a psicologia, o mundo externo reduz-se a matéria e movimento, e ambos são por elas tratados enquanto quantidades; no entanto, aquilo que a consciência nos fornece são qualidades. De onde provêm essas qualidades? Não se trata apenas de apontar uma origem qualquer para as qualidades, mas de como tratá-las conceitualmente.

O problema da qualidade, que preocupa Freud nessa primeira parte do *Projeto de 1895*, já havia sido objeto de reflexão do filósofo francês Henri Bergson em seu *Ensaio sobre os dados imediatos da consciência*, escrito em 1888.[50] Segundo Bergson, a inteligência científica foi elaborada para pensar a matéria no que ela possui de substancial, estática, extensa, deixando de lado o que possui de mutável. O que se percebe na ciência é a tentativa de reduzir o mutável ao imutável, o móvel ao imóvel, a diferença à identidade, o devir ao ser. Em decorrência disso, foi muito mais fácil pensar o espaço do que o tempo, e quando este foi tematizado, foi para ser espacializado. No primeiro capítulo do *Ensaio*, Bergson denuncia duas reduções realizadas pela ciência: a redução do tempo ao espaço e a redução da qualidade à quantidade. Assim, por oposição às coisas situadas no espaço, que são pensa-

49 *AE*, **1**, p.371; *ESB*, **1**, p.343; *AdA*, p.332.
50 Bergson, H., *Essai sur les données immediates de la conscience*, Paris, PUF, 1927.

das pela ciência como sendo quantidade, temos os fatos psíquicos que são qualidade pura. A redução da qualidade à quantidade ou mais especificamente dos fatos psíquicos aos fatos físicos, deu-se, segundo Bergson, por obra da inteligência, a qual, incapaz de pensar a mutação, o devir, a diferença, traduziu a duração (*durée*) em espaço, para melhor poder conceitualizá-la. A *durée* é qualidade pura. Qualquer tentativa de traduzi-la em termos quantitativos destrói necessariamente seu caráter de duração, e isto é aplicável a todo acontecer psíquico. A consciência é pura qualidade.

Freud concorda plenamente com esta última afirmação. Mas se a consciência nos oferece apenas qualidades e se a ciência natural afirma que o mundo externo nos fornece somente quantidades, "devemos esperar que da arquitetura dos neurônios constem alguns dispositivos capazes de transformar a quantidade externa em qualidade".[51] A qualidade resultaria, assim, da própria estrutura do aparato neuronal. Não há, porém, *primeiro* um aparato e *depois* a transformação da quantidade em qualidade. Na verdade, a qualidade não *resulta* do aparato, mas o aparato constitui-se simultaneamente com a transformação da quantidade em qualidade. Esta é, inclusive, uma das formas de se atender ao princípio de inércia neuronal, segundo o qual os neurônios tendem a se aliviar da quantidade. Uma das formas de se aliviar da quantidade é transformá-la em qualidade.

Não é sem razão que Freud, ao nos expor o modo de funcionamento do sistema ω de neurônios, aponte como sua função principal a de fornecer para o siste-

51 *AE*, **1**, p.353; *ESB*, **1**, p.328; *AdA*, pp.317-8.

ma ψ signos, signos de realidade ou signos de qualidade (*Realitätszeichen* ou *Qualitätszeichen*).

Uma das funções do ego em ψ é inibir a descarga quando da ausência do objeto real. Para isto, seria necessário que o ego estivesse de posse das informações sobre o mundo externo provenientes da percepção. Como o ego e as percepções pertencem a sistemas diferentes (o ego ao sistema ψ e as percepções ao sistema φ), é necessário estabelecer-se um mecanismo que articule um ao outro, para que o ego possa distinguir a representação-percepção da representação-lembrança. O mecanismo apontado por Freud é o seguinte: toda percepção excita ω; como ω não retém Qη, por menor que esta seja, produz-se uma descarga em ω, da qual chega uma informação a ψ. É essa indicação em ψ de uma descarga ocorrida em ω que funcionará como *signo de qualidade* e também como *signo de realidade* para ψ. A este mecanismo Freud chama de *atenção psíquica*.[52] É porém a noção de *período de excitação* que vai fornecer a chave para a compreensão do problema da qualidade.[53]

10. A noção de período.

Da maneira como a natureza das *Qualitätszeichen* foi descrita acima, podemos entender sua natureza de

[52] *AE*, **1**, p.408; *ESB*, **1**, p.375; *AdA*, p.360.
[53] Embora a noção de *signos de qualidade* esteja claramente presente no *Projeto* (*AE*, **1**, pp.371 e 408; *ESB*, **1**, pp.343 e 375; *AdA*, pp.332 e 360), é na carta 52, datada de 6 de dezembro de 1896, que ela toma uma dimensão próxima à que vai ter em *A interpretação de sonhos*. A carta 52 será objeto de análise mais detalhada no final deste trabalho.

Zeichen, isto é, de signos, mas não o fato de serem signos de *qualidade*. Pela explicação de Freud, a descarga em ω ao ser captada por ψ funciona como um sinal de algo externo. Neste sentido, a descarga seria um índice ou sinal de uma *realidade externa*, um *Realitätszeichen* (signo de realidade), mais do que um *Qualitätszeichen* (signo de qualidade). A questão da qualidade propriamente dita não fica esclarecida pela simples introdução da noção de signo (aqui entendido como sinal). Um outro ponto que também não fica esclarecido é de onde provém a permeabilidade dos neurônios ω, assim como sua facilitação (*Bahnung*) plena, se ambas não decorrem da quantidade. É neste ponto que Freud faz intervir a noção de *período* (*Period*).

Até então, ele havia considerado apenas a transmissão de Qη de um para outro neurônio, mantendo sua concepção do aparato neurônico como puramente quantitativa. Agora ele introduz a característica temporal da passagem da Qη.[54] "Os neurônios ω são incapazes de receber Qη, mas em compensação apropriam-se do *período* de excitação; e este seu estado de afecção pelo período, com um mínimo de presença de Qη, é o fundamento da consciência."[55] Assim, *a* resposta de ω se faz em função não de uma certa quantidade (Q ou Qη), mas de um período, isto é, da temporalidade. Essa temporalidade não é redutível à quantidade, trata-se do tempo puro, de uma temporalidade descontínua ou periódica, pura qualidade. Os neurônios ψ também possuem o seu pe-

54 *AE*, **1**, p.354; *ESB*, **1**, p.328; *AdA*, p.318.
55 Ibid.

ríodo, só que, como afirma Freud, ele carece de qualidade: é monótono.[56]

Numa análise que faz do *Projeto de 1895*, Derrida[57] mostra que o conceito de período, considerado por Strachey como um "conceito obscuro,"[58] corresponde na verdade à introdução, por parte de Freud, da noção de *diferença pura*: "Os neurônios perceptivos, 'incapazes de receber quantidades, apropriam-se do período de excitação'. Diferença pura, ainda, e diferença entre os diastemas. O conceito de *período em geral* precede e condiciona a oposição da quantidade e da qualidade, com tudo o que ela dirige."[59] Portanto, a própria distinção quantidade/qualidade, em Freud, decorre da noção de período e não o contrário. O período não é posterior à quantidade e à qualidade, mas as determina.

Desde o texto sobre as afasias, Freud estava ensaiando a introdução de algo que se aproximaria, hoje em dia, da idéia de *diferença pura*. Ao afirmar no *Projeto* que a memória é memória de *Bahnungen*, ou melhor, que a memória se faz pela diferença entre os trilhamentos (*Bahnungen*), e que a própria noção de *Bahnung* já implica um diferencial (facilitação/dificultação), ele já estava apontando para a idéia de diferença pura. O conceito de *período* vem reforçar ainda mais essa exigência.

A noção de *diferença pura* não era uma noção fácil de ser pensada na época em que Freud escrevia o

56 Ibid.

57 Derrida, J., "Freud e a cena da escritura", in: *A escritura e a diferença*, S. Paulo, Perspectiva, 1971.

58 *AE*, **1**, p.355n40; *ESB*, **1**, p.329n3.

59 Derrida, J., op. cit., p.191.

Projeto. Pensava-se a diferença, na tradição da filosofia clássica, como referida à identidade, como uma figura secundária em relação à identidade e não como uma categoria autônoma. Desde Parmênides, na Grécia Antiga, que a filosofia pensava o *ser*, o idêntico a si mesmo, como fundamental; a *diferença* era pensada com referência à identidade, era uma figura secundária da identidade, da contradição, da existência. A diferença pura, não referida ao ser, à identidade, era o impensável. Foi apenas muito recentemente, a partir de Nietzsche e Heidegger, e mais recentemente ainda com Derrida, Deleuze, Foucault e Lyotard, que a categoria de *diferença* desprende-se da categoria de *ser* e passa a designar uma sintaxe, um princípio, um modo de articulação, ou uma experiência múltipla do real.[60] Isto não quer dizer que a idéia não estivesse presente na filosofia grega, o conceito de diferença é fundamental para um Platão ou para um Aristóteles, apenas ela era referida à identidade como fundamento último. A diferença enquanto *diferença pura* era algo a ser exorcizado pelo "verdadeiro" pensamento filosófico. Mais de dois milênios depois, à época em que Freud escrevia o *Projeto*, a ciência ainda se debatia com esse velho problema.

Não creio que Freud tenha se dado conta destas implicações da noção de período, assim como seria apressado, com base apenas nesta noção, situá-lo como um dos iniciadores das chamadas *filosofias da diferença*. É possível, ainda, que Derrida tenha sido excessivamente generoso com o Freud do *Projeto*, mas

60 Cf. Laruelle, F., *Les filosofies de la différence*, Paris, PUF, 1986, cap. 1.

um fato é inegável, a noção de período escapa a toda tentativa de redução a uma concepção quantitativa. Trata-se, inegavelmente, da pura qualidade. Acredito que sua articulação com o diferencial prazer/desprazer possa trazer um pouco mais de clareza a essa noção que Strachey qualificou de *obscura*.

11. *Prazer e desprazer.*

A noção de período é retomada em dois textos pertencentes à chamada segunda tópica freudiana, em *Além do princípio de prazer*[61] e em *O problema econômico do masoquismo*,[62] e nestes textos, assim como no *Projeto* de 1895, ela é utilizada para esclarecer as sensações de prazer e desprazer.

Vimos que a consciência é responsável pelas qualidades sensíveis e que é ela que fornece ao sistema ψ os signos de qualidade. Mas além disto, a consciência é também quem fornece as sensações de prazer e de desprazer, sendo esta distinção uma das mais fundamentais para a compreensão do funcionamento do aparato psíquico. Na primeira tentativa de esclarecer a questão, Freud afirma que o "desprazer estaria ligado a uma elevação do nível de Qη ou a um acréscimo quantitativo de pressão" ou mais especificamente "seria a sensação ω frente a um acréscimo de Qη em ψ".[63] Já vimos que de acordo com o princípio de inércia neurônica ou com o princípio de constância, o aparato

[61] *AE*, **18**, pp.8 e 61; *ESB*, **18**, pp.18 e 84; *GW*, **13**, pp.4 e 69.
[62] *AE*, **19**, p.166; *ESB*, **19**, p.200; *GW*, **13**, p.372.
[63] *AE*, **1**, p.356; *ESB*, **1**, p.330; *AdA*, p.320.

psíquico funciona no sentido de reduzir a zero a soma de excitação, ou pelo menos mantê-la no nível mais baixo possível.

O sistema ω não é atingido pela quantidade de excitação decorrente da estimulação do mundo exterior. Dizer que o sistema ω é o sistema da percepção-consciência não corresponde a afirmar que ele está em contato direto com o mundo exterior. As energias maciças provenientes do exterior atingem o sistema φ e a partir dele a excitação é em parte descarregada e em parte transferida para os outros sistemas. Entre ω e o mundo exterior há não apenas os órgãos dos sentidos, mas todo o sistema ψ que Freud concebe como um sistema intermediário, sistema moderador, com a função de filtragem, de amortecimento. É esse sistema ψ que vai tornar possível o equilíbrio do aparato psíquico. Assim, a excitação decorrente do exterior está em φ e não em ω. O sistema ω é responsável pela percepção, não é a sede das excitações provenientes do exterior.

Essa é a razão pela qual não se pode explicar as sensações conscientes de prazer e desprazer pela magnitude do estímulo ou pelo *quantum* de excitação. O sistema ω, sistema da consciência, recebe um mínimo de investimento para funcionar, e este mínimo é imediatamente descarregado. Não há, portanto, Qη armazenada em ω e tampouco ω é atingido por excitações de magnitude considerável. A Qη que chega a ω é mínima, o suficiente apenas para que ele possa funcionar para ψ como indicador de realidade.

A afirmação de Freud de que todo desprazer é identificado a uma elevação da Qη em ψ e todo prazer corresponde a uma redução da tensão pela descarga da Qη não deve ser considerada como expressiva de uma concepção quantitativa grosseira. Já vimos, até mesmo, que se trata mais de uma concepção fundada numa lei da intensidade do que num princípio propriamente quantitativo.[64] De fato, o aparato psíquico é regulado pelo princípio de constância da soma de excitação, o qual afirma não a tendência do aparato à descarga total, mas a tendência a manter constante o nível da intensidade (*Erregungssumme*) do sistema, o que significa dizer que ele é obrigado a tolerar um certo acúmulo de Qη requerida para a ação específica. Além do mais, se a "tensão do estímulo" fosse a responsável pelas sensações de prazer e desprazer, não haveria como explicar situações nas quais um aumento de estímulo, com o conseqüente aumento de tensão, pudessem ser vividas como prazerosas, e este é o caso, por exemplo, da excitação sexual. Surge em decorrência disto, a pergunta de se é possível manter uma relação simples entre a intensidade das sensações e a quantidade de excitação, isto é, se a intensidade das sensações decorre diretamente da intensidade do estímulo, numa relação puramente quantitativa.

Para responder a isto, Freud introduz o conceito de *período*. As sensações de prazer e desprazer em ω resultam não da Qη recebida por ω, mas da aptidão desse sistema para receber o *período* do movimento neuronal. Dessa forma, as sensações conscientes de prazer e desprazer não podem ser decorrentes do aumento ou diminuição da *quantidade* (tensão do estímulo), embora indiretamente estejam ligadas a ela, mas decorrem de um fator *qualitativo*, "talvez seja o

64 Cf. supra, item 3.

ritmo, o ciclo temporal das alterações, elevações e quedas da quantidade de estímulo; não sabemos".[65]

Não é excessivo enfatizar que o conceito de período, embora seja referido a quantidades, não é um conceito propriamente quantitativo. Ele diz respeito não a uma quantidade determinada, grande ou pequena, mas a uma diferença entre essas quantidades, modificações do ritmo temporal das alterações quantitativas e não essas alterações consideradas em si mesmas. O período não diz respeito a uma grandeza absoluta, mas à mudança dessas grandezas num período de tempo. Numa analogia climática, seria o equivalente a reagirmos não a determinadas temperaturas, altas ou baixas, mas às variações de temperatura dentro de uma unidade de tempo, o que Freud chama de "ciclo temporal das alterações".[66]

12. *O funcionamento do aparato.*

Se tentarmos uma primeira aproximação quanto ao modo de funcionamento do aparato psíquico, talvez possamos tornar mais claras algumas noções expostas até o momento, particularmente no referente à noção de período.

O aparato constituído pelos sistemas φ, ψ e ω é estimulado a partir de duas fontes: 1) o mundo externo; 2) o interior do próprio corpo.

A tentativa de se fazer uma representação gráfica do aparelho psíquico do *Projeto* é algo que já foi em-

65 *AE*, **19**, p.166; *ESB*, **19**, p.200; *GW*, **13**, p.372.
66 Ibid.

preendido de várias formas, sendo que nenhuma delas se mostrou inteiramente adequada. A mais simples seria a seguinte:

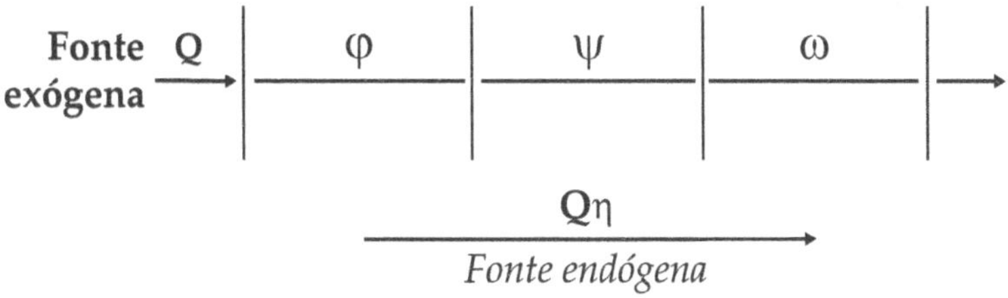

Esse esquema não permite, contudo, mostrar adequadamente as relações que os diversos sistemas mantêm uns com os outros. O esquema que apresento a seguir tem o inconveniente de não representar os três sistemas seqüencialmente, o que o torna bastante diferente dos esquemas elaborados por Freud em seguida ao *Projeto* (os da carta 52 e o do capítulo 7 de *A interpretação de sonhos*), mas permite representar mais adequadamente a articulação que os vários sistemas mantêm entre si. Como todo esquema gráfico, ele é deficiente, além de topologicamente inconsistente; contudo peço ao leitor um pouco de condescendência em nome do esforço didático. Colocando os sistemas paralelos, teríamos o seguinte:

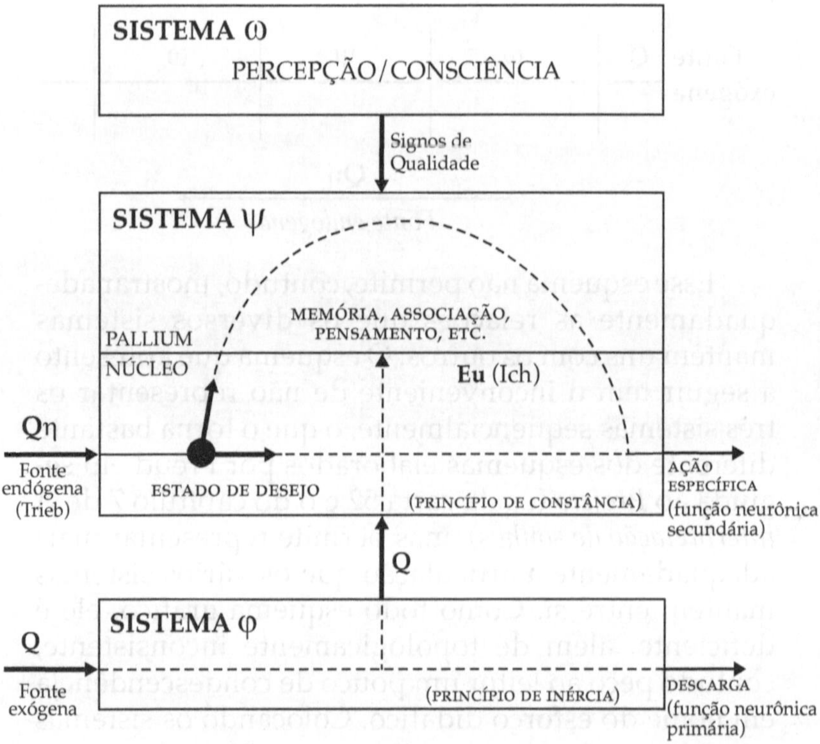

O sistema φ é dotado de uma Q fluente, mantida pela entrada contínua de estímulos exógenos e compensada pela contínua tendência à descarga. As excitações provenientes do mundo externo não atingem diretamente o sistema φ, mas são mediadas pelos órgãos dos sentidos que funcionam como uma tela protetora contra os possíveis danos decorrentes de Q muito intensas. Essa função protetora é exercida por um aparelho de pára-estímulos (*Reizschutz*), cuja função é proteger (*schutz*) o organismo da ação direta dos estímulos externos sobre o sistema φ. O *Reizschutz* não se confunde com o aparelho de percepção, ele é melhor identificado com sua primeira camada, mais superficial, atrás da qual encontra-se outra camada (o sistema percepção-consciência) que recebe as excitações.

Os órgãos dos sentidos são, portanto, estruturas celulares responsáveis pela recepção do estímulo exógeno, mas que agem como telas protetoras deixando passar apenas pequenas quantidades de Qs exógenas de ordem pouco superior ou talvez igual à dos estímulos intercelulares. Ao atingirem essas terminações nervosas do sistema φ, os estímulos externos têm sua magnitude reduzida, de tal modo que apenas aqueles que se mantêm acima de um determinado umbral tornam-se eficazes. Mas, além da quantidade, esses estímulos que atingem φ possuem também um caráter qualitativo, o *período*, que se tornará qualidade em ω.

Assim, enquanto que no mundo exterior os processos formam um *continuum* (tanto no que se refere à quantidade quanto ao período), no interior do sistema φ esses processos são reduzidos quanto à quantidade e se ramificam dando lugar a processos descontínuos quanto ao período. Esse período se propaga por φ, através de ψ, até ω, onde produz sensação. Também está diretamente ligado a φ, o aparato da motilidade. As *Q* provenientes de φ atingem os músculos e as glândulas por *desprendimento* ou *desligação* (*Entbindung*), diferentemente do modo pelo qual os neurônios exercem influência entre eles, que é por *transferência* (*Übertragung*).[67]

A quantidade do estímulo φ excita a tendência do sistema nervoso à descarga, de modo que parte da excitação em φ é descarregada e parte é transferida para ψ (uma fração de Qη correspondente à magnitude de um estímulo intracelular). Essa Qη transferida para ψ não aumenta na mesma proporção da Q proveniente do estímulo externo.

O sistema ψ é estimulado diretamente de fonte endógena e indiretamente de fonte exógena via φ. Se ψ recebe excitação de φ, seria de se esperar que um aumento de Q em φ acarretasse um acréscimo de excitação em ψ proporcional ao aumento da Q externa, de tal sorte que pudéssemos estabelecer uma relação direta entre a intensidade do estímulo externo e a intensidade do efeito psíquico. Freud, porém, descarta esta possibilidade, afirmando que a condução de φ a ψ se faz através de uma ramificação progressiva, de modo que um estímulo intenso em φ chega a ψ não através de uma única via nervosa, mas através de caminhos que se bifurcam, cada bifurcação sendo portadora de uma fração da Qη originária de φ. Assim, "a quantidade em φ se expressa por complicação em ψ".[68] Mas ψ é também investido a partir do próprio corpo. É o que Freud denominará de *fonte pulsional*.

O corpo é a outra (e principal) fonte de estímulos para ψ. Em função dessa dupla fonte de ψ (a exógena, via φ, e a endógena), Freud divide o sistema ψ em duas

67 *AE*, **1**, pp.358-9 e 438; *ESB*, **1**, pp.332 e 401; *AdA*, p.322.
68 *AE*, **1**, p.359; *ESB*, **1**, p.333; *AdA*, p.323.

partes: o ψ *pallium* (ou *manto*) e o ψ *núcleo*.[69] Os neurônios do pallium são investidos a partir de φ, e os neurônios do núcleo são investidos a partir das fontes endógenas.

Como o ψ *núcleo* está em conexão direta com as vias pelas quais chegam as excitações endógenas, o sistema ψ está exposto, sem defesa, às Q provenientes da fonte corporal. Não há aqui a tela protetora dos órgãos dos sentidos, assim como não há também a possibilidade de fuga. Podemos fugir dos estímulos externos, mas não podemos fugir dos estímulos internos; "nisso reside a *mola pulsional* (*Triebfeder*) do mecanismo psíquico", escreve Freud.[70]

Esses estímulos endógenos atuam de maneira contínua, ao contrário dos estímulos externos, e tornam-se estímulos psíquicos por somação (*summation*). Freud admite que tais estímulos endógenos são de natureza intercelular, de modo que cada Qη, considerada isoladamente, é de pequena intensidade, não sendo capaz de, no caminho em direção a ψ, romper as barreiras de contato que lhe oferecem resistência. A facilitação se dá a partir de uma certa quantidade, resultante da somação das Qη. A característica peculiar dos neurônios ψ é que após a passagem de Qη eles recuperam sua impermeabilidade, contrariamente aos neurônios φ que permanecem permeáveis.

Vimos anteriormente que tanto a resistência como a passagem da Qη dependem das barreiras de

69 Essa distinção entre *núcleo* e *pallium* correspondia, na época, à distinção entre camadas do córtex cerebral, o *pallium* correspondendo à camada mais externa e o *núcleo* correspondendo à camada mais central do córtex.

70 *AE*, **1**, p.360; *ESB*, **1**, p.334; *AdA*, p.324.

contato (*Kontaktschranke*). O caráter de "facilitadoras" decorre da repetição que se estabelece com a passagem de Qη. Durante a passagem da somação das Qη, a resistência é suspensa, restabelecendo-se em seguida. Dependendo da intensidade das Qη que passaram pela barreira de contato, estabelece-se uma facilitação a que, na vez seguinte, uma Qη de menor intensidade encontre sua passagem facilitada. Numa determinada *Bahnung*, a resistência (ou a facilitação) é a mesma (constante) para todas as barreiras de contato.

Se as Qη somente produzem efeito psíquico por somação, isto significa que são de intensidade muito baixa, inferior à da constante, o que faz com que as barreiras de contato em ψ sejam mais resistentes, enquanto que as conduções endógenas sejam facilitadas. É essa maior resistência das barreiras de contato que torna possível o armazenamento de Qη no núcleo de ψ. É esse reservatório de Qη no núcleo de ψ, permanentemente alimentado pela fonte endógena, que Freud vai apontar como sendo a sede do impulso que sustenta toda a atividade psíquica, a vontade (*Wille*), "o derivado das pulsões".[71]

O sistema ψ *núcleo* mais o sistema φ são os responsáveis pela atividade reflexa; enquanto que o sistema ψ *pallium* mais o sistema ω vão responder pelos processos psíquicos em geral (percepção, memória, pensamento, associação, desejo, prova de realidade, etc.). O sistema ψ *pallium* é a sede dos processos psíquicos primários, assim como da função neurônica secundária (ação específica) que ele tem em comum com o ψ *núcleo*.

71 *AE*, **1**, p.362; *ESB*, **1**, p.335; *AdA*, p.325.

Os neurônios ψ não funcionam propriamente como transmissores de energia, mas formam um sistema que funciona mais conforme o modelo termodinâmico do que como o de um sistema condutor de energia. Sua capacidade para armazenar energia implica não apenas a formação de um estoque, mas também a possibilidade de transmissão dessa energia segundo um modo que não é o da condução pura e simples, mas o da transformação da energia acumulada. Trata-se de uma energia potencial, em função da qual uma exigência de trabalho é feita ao aparato psíquico.[72]

Na carta 39, escrita três meses depois de Freud concluir a primeira parte do *Projeto*, ele introduz algumas modificações no esquema de funcionamento do aparato, assim como na posição relativa dos diferentes sistemas.

A primeira modificação diz respeito à origem da Qη contida no sistema ψ. De acordo com essa nova versão, o sistema ψ recebe quantidade (e apenas quantidade) de fonte endógena, que é conduzida até ele por somação. Toda a Qη do sistema ψ é originária dessa fonte endógena, nenhuma é originária do sistema φ. Este último não transfere para ψ nenhuma quantidade, mas apenas "a característica qualitativa que lhes é peculiar", isto é, o período. A ação dos neurônios φ sobre os neurônios ψ consiste em colocar estes últimos num estado de excitação, sem no entanto acrescentar quantidade às já existentes em ψ. Os neu-

[72] Cf. Barros, C. P., "Thermodynamic and Evolutionary Concepts in the Formal Structure of Freud's Metapsychology", in: Arieti, S., *The World Biennial of Psychiatry and Psychotherapy*, N. York, Basic Books, 1970.

rônios φ, ao excitarem os neurônios ψ, vão dirigir a atenção ψ para os neurônios ω, mas não vão conduzir nenhuma *Q* para ψ. A única fonte de excitação dos neurônios ψ são as vias de condução endógenas, que por sua vez não são capazes de afetar os neurônios ω evocando sensações nestes últimos.

A segunda modificação introduzida pela carta 39 refere-se ao sistema ω de neurônios. Essa nova concepção situa o sistema ω entre o sistema φ e o sistema ψ, chegando mesmo a afirmar que "os neurônios ω são os neurônios ψ capazes tão-somente de investimento quantitativo muito pequeno". A localização dos neurônios ω entre os neurônios φ e ψ é uma primeira (e infrutífera) tentativa de Freud de resolver o problema do sistema ω responsável pela percepção-consciência, problema que ressurgirá em vários momentos da sua elaboração teórica e que receberá sempre meias-soluções. Aqui na carta 39, os neurônios ω recebem um mínimo de quantidade para poderem funcionar, sendo que o fundamental para eles é a característica qualitativa que recebem de φ, o que é suficiente para que a percepção seja naturalmente acompanhada de consciência. O sistema ω não transmite para o sistema ψ nem quantidade (que ele não tem armazenada), nem qualidade, ele apenas *excita* ψ, o que funciona como signo de qualidade para ψ. Na concepção anterior, a do *Projeto*, o signo de qualidade (ou de realidade) era fornecido pela descarga de ω, nessa nova concepção torna-se desnecessário postular uma descarga de ω para dar conta do signo de qualidade, a percepção-consciência em ω é por si só suficiente para excitar ψ.

O esboço de uma teoria da regressão formulada por Freud no final da primeira parte do *Projeto*, a respeito do caráter alucinatório dos sonhos, é também modificado na carta 39. Na concepção do *Projeto*, a consciência no sonho era explicada pela inversão da corrente φ-ψ.[73] Na ausência de inibição por parte do eu, o sistema φ era investido no sentido regressivo a partir de ψ, provocando o ressurgimento de uma imagem-percepção. Agora, com a interposição do sistema ω entre φ e ψ, a alucinação resulta de um movimento retroativo não de ψ para φ, mas de ψ para ω.

Lacan comenta essa nova localização do sistema ω entre os sistemas φ e ψ, dizendo que nada nos obriga a colocá-lo no limite entre os dois.[74] Realmente, a tentativa de solução apresentada por Freud não diminui em nada as dificuldades implicadas na concepção do sistema percepção-consciência. Tanto no texto do *Projeto* como mais tarde no capítulo 7 de *A interpretação de sonhos*, a consciência (e a percepção) situa-se fora do esquema do aparelho ou no seu limite. Se o esquema da *Traumdeutung* obriga Freud a localizar a consciência nos dois extremos do aparelho, o que é uma conseqüência inevitável da representação linear que ele faz, a concepção da carta 39 nem o livra dos embaraços da regressão, nem elimina o caráter paradoxal de um sistema (percepção-consciência) que funciona independentemente da economia do aparato.

Além dos modelos gráficos, Freud nos apresenta ainda um modelo empírico extremamente interessante e particularmente rico para ilustrar a função do *Reizschutz*. Essa noção reaparece nos textos freudianos a partir de 1920. Em *Além do princípio de prazer*, o

73 Cf. supra, item 24.
74 Lacan, J., *O seminário*, Livro 7, Rio, Zahar, 1988, p.66.

pára-estímulos reaparece na descrição que Freud faz da vesícula viva em sua relação com o mundo exterior. A substância viva, exposta às potentes energias do mundo externo, seria aniquilada se não dispusesse de um aparato de proteção antiestímulo. Esse aparelho surge quando a superfície mais externa deste organismo deixa de ter a estrutura própria da matéria viva, torna-se inorgânica, constituindo-se como um envoltório ou membrana especial protetora do organismo. O estrato cortical contíguo ao pára-estímulos deve ser considerado como um órgão diferenciado, responsável pela recepção dos estímulos; trata-se do sistema percepção-consciência.[75]

A idéia de um aparelho de proteção antiestímulo encontra seu exemplo empírico mais adequado num pequeno artigo, de 1925, que tem por título *Nota sobre o "bloco mágico"*. É a seguinte a descrição que Freud nos oferece do "bloco mágico", tal como era confeccionado na época em que o artigo foi escrito:

"O bloco mágico é uma prancha de resina ou cera castanho-escura, com uma borda de papel; sobre a prancha está colocada uma folha fina e transparente, cuja extremidade superior encontra-se firmemente presa à prancha e a inferior repousa sobre ela sem estar nela fixada. Essa folha transparente constitui a parte mais interessante do pequeno dispositivo. Ela própria consiste em duas camadas, capazes de ser desligadas uma da outra salvo em suas duas extremidades. A camada superior é um pedaço transparente de celulóide; a inferior é feita de papel encerado fino

75 *AE*, **18**, pp.27-28; *ESB*, **18**, pp.42-44; *GW*, **13**, pp.26-28.

e transparente. Quando o aparelho não está em uso, a superfície inferior do papel encerado adere levemente à superfície superior da prancha de cera. Para utilizar o bloco mágico, escreve-se sobre a parte de celulóide da folha de cobertura que repousa sobre a prancha de cera. Para esse fim não é necessário lápis ou giz, visto a escrita não depender de material que seja depositado sobre a superfície receptiva. Constitui um retorno ao antigo método de escrever sobre pranchas de gesso ou cera: um estilete pontiagudo calca a superfície, cujas depressões nela feitas constituem a 'escrita'. No caso do bloco mágico esse calcar não é efetuado diretamente, mas mediante o veículo da folha de cobertura. Nos pontos em que o estilete toca, ele pressiona a superfície inferior do papel encerado sobre a prancha de cera, e os sulcos são visíveis como a escrita preta sobre a superfície cinzento-esbranquiçada do celulóide, antes lisa. Querendo-se destruir o que foi escrito, necessário é só levantar a folha de cobertura dupla da prancha de cera com um puxão leve pela parte inferior livre. O estreito contato entre o papel encerado e a prancha de cera nos lugares que foram calcados (do qual dependeu a visibilidade da escrita) assim acaba, e não torna a suceder ao se reunirem novamente as duas superfícies. O bloco mágico está agora limpo de escrita e pronto para receber novas notas."[76]

Sem a folha de celulóide, a segunda camada, constituída pelo papel de cera, seria atingida diretamente pelo estilete e destruída. "O celulóide constitui um

[76] *AE*, **18**, pp.244-5; *ESB*, **19**, pp.287-8; *GW*, **14**, pp.5-6.

'escudo protetor contra estímulos'; a camada que realmente recebe os estímulos é o papel." O celulóide desempenha no bloco mágico um papel análogo ao do pára-estímulos (*Reizschutz*) do sistema φ de neurônios, enquanto que o papel de cera corresponde ao sistema Pcpt-Cs. A analogia entre o aparelho psíquico e o bloco mágico não pára aí. O próprio Freud afirma que ela seria de pouco valor se não pudéssemos ampliá-la no sentido de se destacar a importância dos traços que ficam permanentemente inscritos na superfície de cera, os quais, com uma iluminação apropriada, tornam-se visíveis. E aqui a analogia é com o inconsciente. No momento adequado voltarei a me utilizar do modelo do bloco mágico no que se refere ao inconsciente, por enquanto convém permanecermos com a que foi estabelecida entre o celulóide e as bainhas nervosas terminais com sua função de *Reizschutz*.

13. *Vivência de satisfação* (Befriedigungserlebnis).

Como o núcleo de ψ está em conexão direta com a fonte endógena de excitação, e como os estímulos endógenos atuam de forma contínua, o sistema ψ *núcleo* está exposto continuamente às Q, nisto consistindo a mola pulsional do mecanismo psíquico (*die Triebfeder des psychischen Mechanismus*).[77] Já vimos que a impermeabilidade dos neurônios ψ não é completa; se fosse, não haveria possibilidade de processos em ψ

[77] *AE*, **1**, p.360; *ESB*, **1**, p.334; *AdA*, p.324.

e nem tampouco de ação específica. A Q armazenada em ψ é apenas necessária para manter um nível constante de investimento capaz de se constituir como provisão indispensável à realização da ação específica. Como a fonte endógena de excitação atua de forma contínua, é necessário que os neurônios ψ tolerem uma certa passagem de Q em direção à descarga motora, recuperando, em seguida à passagem, sua impermeabilidade. Cada passagem cria uma facilitação a que o mesmo percurso seja repercorrido. O que possibilita o armazenamento de Qη em ψ é o fato de que as resistências nas barreiras de contato são maiores do que as vias endógenas de condução.

A Qη armazenada no núcleo de ψ manifestará a mesma tendência à descarga, comum aos demais neurônios, através dos caminhos motores. A esse impulso em direção à descarga Freud denomina *Drang*, que no artigo *Pulsões e destinos da pulsão*, de 1915, ele vai apontar como um dos elementos constituintes da pulsão, mais especificamente como o fator motor da pulsão. O objetivo da descarga motora é o alívio da tensão em ψ. No entanto, esse objetivo só pode ser alcançado se for eliminado o estímulo na fonte, fonte da Qη acumulada no núcleo de ψ. A redução da tensão não ocorrerá, porém, com a simples descarga motora, o que Freud denomina de *alteração interior* (por exemplo, o choro ou a simples agitação motora do bebê). Essa descarga (a alteração interior) não alivia a tensão em ψ, pois persiste atuando o estímulo endógeno, além de produzir um sentimento de desprazer em ω.

De fato, a pura descarga motora não é suficiente para reduzir a tensão do sistema ψ. Se a tensão resulta do acúmulo excessivo de Qη, e se esta é proveniente da estimulação endógena, enquanto o estado de estimulação não for eliminado ou reduzido, não haverá diminuição da tensão. Essa estimulação endógena está porém ligada às necessidades corporais ou, para empregar o termo freudiano retomado por Lacan, ao *Not des Lebens* (estado de urgência da vida),[78] e esta urgência não é atendida com a simples descarga motora. Se um recém-nascido premido pela fome chora e agita os braços e as pernas, essas respostas motoras não são eficazes para a eliminação do estado de estimulação na fonte corporal. Essa conduta, considerada em si mesma, é ineficaz para a obtenção do alimento; no entanto, em se tratando do recém-nascido humano, ela se insere num outro registro, o da comunicação por sinais, e aparece como demanda, demanda ao Outro, deixando de ser um mero *behavior* ineficaz para se constituir numa forma de introdução do sujeito na ordem simbólica. O choro é ouvido pelo próximo como demanda, e na medida em que essa demanda é atendida, ela passa a fazer parte da troca simbólica, especificamente humana.

O alívio da tensão em ψ só pode ser obtido através da *ação específica*, capaz de eliminar o estado de estimulação na fonte. Essa alteração no mundo exterior através da ação específica (obtenção de alimento, por exemplo) não é realizável pelo organismo humano em seus primeiros tempos de existência. Ao contrário da maioria dos animais, o ser humano possui uma vida intra-uterina de duração reduzida, o que lhe confere um despreparo para a vida logo ao nascer. Essa prematuração e a fragilidade que dela resulta fazem com

78 *AE*, **1**, p.345; *ESB*, **1**, p.320; *AdA*, p.310.

que o recém-nascido, ao ser confrontado com as ameaças do mundo externo, dependa totalmente das pessoas responsáveis pelos seus cuidados. O recém-nascido não é capaz de executar a ação específica que põe fim à tensão decorrente do acúmulo de Qη, ela só pode ser realizada com o auxílio de outra pessoa (a mãe, por exemplo) que lhe fornece o alimento, suprimindo assim a tensão. É a eliminação da tensão decorrente dos estímulos internos que dá lugar à *vivência de satisfação* (*Befriedigungserlebnis*).

A partir desse momento, três coisas acontecem dentro do sistema ψ: 1) uma descarga motora que elimina o impulso (*Drang*) que havia produzido desprazer em ω; 2) surge no ψ *pallium* o investimento de um conjunto de neurônios que correspondem à percepção do objeto que proporcionou a satisfação; 3) chegam também ao ψ *pallium* notícias da descarga decorrente da ação específica. Entre esses investimentos do *pallium* e o *núcleo* estabelece-se uma facilitação (*Bahnung*).[79] Quando o estado de necessidade se repetir, surgirá um impulso psíquico que procurará reinvestir a imagem mnêmica do objeto, com a finalidade de reproduzir a satisfação original. Portanto, a vivência de satisfação gera uma facilitação entre duas imagens-lembrança (a do objeto de satisfação e a da descarga pela ação específica) e os neurônios do núcleo investidos. Com o reaparecimento do impulso (*Drang*) ou do estado de desejo (*Wunschzustand*), o investimento passa para as duas imagens-lembrança, reativando-as. O que ocorre, então, é em tudo seme-

[79] *AE*, **1**, p.363; *ESB*, **1**, p.336; *AdA*, p.326.

lhante à percepção original, só que, o objeto real não estando presente, o que ocorre é uma alucinação com o conseqüente desapontamento que ele implica, já que na ausência do objeto real não pode haver satisfação. O esquema seria o seguinte:

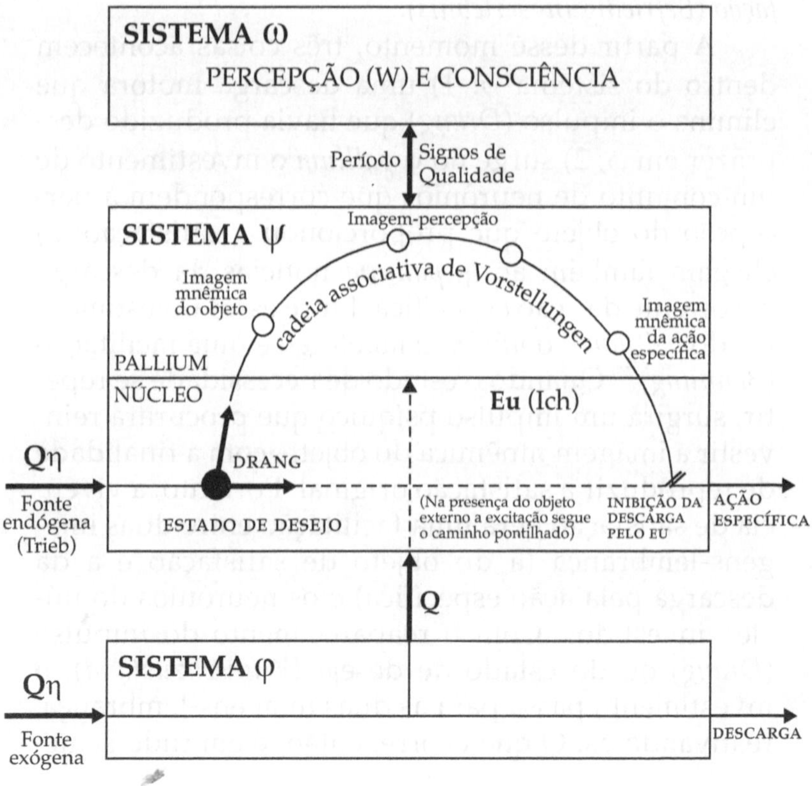

Retomemos, porém, a questão do choro da criança como sendo uma demanda ao Outro. Pelo que foi exposto, o que ocorre na experiência de satisfação é que uma excitação endógena (*Reiz*) correspondente a um estado de necessidade, produz no núcleo de ψ um estado de apetite (*Wunschregung*) o qual tem dois efeitos: uma descarga no sistema ω[80] que é sentida como desprazer, e uma outra descarga (alteração interior) que se manifesta como expressão das emoções (choro, movimentos dos braços e das pernas, etc). Essa descarga não alivia a tensão em ψ porque o estímulo endógeno não foi eliminado. Mas se a partir do grito ou do choro da criança um adulto presta auxílio externo que cancela o estímulo endógeno, isto é, se este auxílio possibilita a ação específica, sobrevém a vivência de satisfação. Se assim é, a ajuda externa não se reduz à satisfação da necessidade, *ela introduz o sujeito na ordem simbólica.*[81] O grito ou o choro da criança não se constituem apenas como descarga motora, mas estabelecem-se como signos de uma demanda, demanda ao outro. Essa demanda não é dirigida a um outro (semelhante) e sim ao Outro, não semelhante, mas estranho e ao mesmo tempo próximo. Trata-se do grito como signo, e portanto, como algo cujo destinatário é a ordem simbólica e não o outro especular.

80 Na carta 39, Freud descarta essa idéia de uma descarga em ω, recorrendo ao artifício de interpor o sistema ω entre os sistemas φ e ψ. Com isto, a excitação proveniente de φ, correspondente à percepção, envolveria por si mesma a consciência, e somente num segundo momento produziria efeito no sistema ψ. Como decorrência dessa modificação, a idéia de uma descarga ω funcionando como signo de consciência torna-se desnecessária.

81 Dreyfuss, J.-P., "Remarques sur *das Ding* dans l'Esquisse", in: *Littoral* n. 6, p.49.

14. A memória ψ.

Vimos que os neurônios ψ, à diferença dos neurônios φ, são impermeáveis, isto é, resistentes à passagem de Qη. Essa impermeabilidade não é total, mas pode se fazer de modo a impedir a transferência da Qη pelo sistema ψ. No entanto, com base na lei da associação por simultaneidade, Freud nos descreve uma atividade ψ, particularmente presente na lembrança reprodutiva, que pode nos ajudar a compreender um pouco melhor essa impermeabilidade parcial dos neurônios ψ: trata-se da noção de investimento colateral (*Seitenbesetzung*). Quando um determinado neurônio ψ, **a**, é investido simultaneamente com um neurônio **b**, estabelece-se entre eles, pela simultaneidade **ab**, um investimento colateral pela facilitação na barreira de contato **ab**. O caminho (*Bahnung*) fica facilitado, à diferença de outros caminhos que não são percorridos pela excitação devido à resistência das barreiras de contato. Daí, Freud afirmar que, "nos termos da nossa teoria, uma Qη passa mais facilmente de um neurônio para um neurônio investido, do que para um não-investido"... "neste caso, uma vez mais, o investimento se revela, para o decurso de Qη, equivalente à facilitação".[82]

Há aqui dois problemas a serem esclarecidos: o primeiro diz respeito à impermeabilidade dos neurônios ψ; o segundo, ao fato de que *Besetzung* (investimento) não é *Bahnung* (facilitação).

Logo no início do *Projeto*, para dar conta da possibilidade de os neurônios constituírem memória,

[82] *AE*, **1**, p.364; *ESB*, **1**, p.337; *AdA*, p.327.

Freud distingue os neurônios φ, neurônios permeáveis, que não oferecem nenhuma resistência à passagem da excitação e que por esta razão não retêm nada, dos neurônios ψ, neurônios impermeáveis, dotados de resistência nas barreiras de contato e por esta razão retentivos de Qη. Os primeiros, diz ele, são os neurônios perceptivos e os segundos são portadores de memória.[83] No trecho que examinamos acima, Freud se utiliza dessa distinção para explicar a condução em ψ e as *Bahnungen* que se formam em função da diminuição nas barreiras de contato. E aqui a meu ver reside a questão. O que é primordial? A diferença entre os neurônios φ e ψ ou as *Bahnungen*?

Se Freud admite que a diferença entre os neurônios permeáveis e impermeáveis é original, ele tem que admitir uma diferença de *natureza* entre os neurônios, diferença anatômica, anterior a qualquer acontecimento psíquico, anterior à estrutura e função do aparato. Para ser mais preciso: a memória seria uma propriedade do neurônio ψ, enquanto que a permeabilidade seria uma propriedade do neurônio φ, sendo a *Bahnung* um conceito secundário. De fato, quando Freud descreve a diferença entre φ e ψ, ele não esclarece a que ela é devida, e nem está preocupado com isto, já que tratava-se de uma construção hipotética. A própria existência de neurônios φ, ψ e ω não era uma questão para ele. Quando Freud distingue os três sistemas de neurônios, ele não pretende estar emitindo juízos de existência, mas estabelecendo a estrutura e o funcionamento de um aparato psíquico *hipotético*.

83 *AE*, **1**, p.344; *ESB*, **1**, p.319; *AdA*, p.309.

Sem dúvida, ele pensa esse aparato como um aparato de memória, mas isto não quer dizer necessariamente que a memória possa ser considerada como uma propriedade de um sistema de neurônios que seja originário. Creio que não estaríamos violentando a concepção freudiana, mas, ao contrário, fazendo-lhe justiça, se invertêssemos a colocação feita acima. Não é por que há uma diferença entre neurônios, que há memória e *Bahnungen* (trilhamentos), mas ao contrário, é a *Bahnung* a responsável pela origem da memória e do próprio aparato psíquico. "O essencialmente novo na minha teoria", escreve ele na carta 52, "é a tese de que a memória não preexiste de maneira simples, mas múltipla, está registrada em diversas variedades de signos", ou ainda: "*A memória é constituída pelas diferenças nas facilitações [Bahnungen] existentes entre os neurônios* ψ."[84] Portanto, é a *Bahnung* que constitui a memória, e não o contrário. Só há memória porque constitui-se um diferencial de caminhos possíveis, posto que, se todos os caminhos fossem igualmente possíveis, isto é, se a facilitação (*Bahnung*) fosse a mesma em todas as direções, não haveria como explicar a preferência de um caminho sobre outro, o que eliminaria a possibilidade de memória.

Para Lacan, a originalidade do *Projeto* decorre da noção de *Bahnung*. Observa, porém, que o recurso a esta noção não nos remete a uma psicologia da aprendizagem que faz do hábito a função básica da aprendizagem. O trilhamento (*Bahnung*) não deve ser entendido como um efeito mecânico do hábito, "ele é

84 *AE*, **1**, p.345; *ESB*, **1**, p.320; *AdA*, p.309.

invocado como prazer da facilidade, e será retomado como prazer da repetição".[85] Não se trata, na rememoração, de uma satisfação da necessidade, mas sim de, a partir da necessidade, dar lugar ao prazer da repetição. A repartição dos investimentos libidinais pelas *Bahnungen* não se faz por efeito do hábito, mas comporta uma dimensão própria regida pelo princípio do prazer. Reduzir a memória a uma repetição mecânica natural é deixar de lado o fato de que ela, a memória, é constituída de uma articulação significante (ou, se preferirmos, pela trama das *Vorstellungen*). A memória, tal como concebida no *Projeto*, não é uma memória paralisada, ela implica uma *preferência* na escolha dos itinerários.[86] A *Bahnung*, o trilhamento, é também uma concatenação, o que permitiu a Lacan aproximá-lo à articulação significante.

Seria cômodo, para Freud, aceitar a distinção que se fazia na época entre *células de percepção* e *células de memória*, mas ao invés disto, ele propõe a teoria das *barreiras de contato* que, juntamente com as idéias de *investimento colateral* e de *trilhagem* (*Bahnung*), vão se constituir como o fundamento de sua concepção do aparato psíquico como um aparato de memória. Essa concepção é absolutamente original, fazendo apelo à *diferença* como princípio de constituição do aparato psíquico. Voltarei a abordar este ponto mais à frente.

O outro ponto que fiquei de discutir foi o que diz respeito a uma possível confusão que pode resultar da afirmação de Freud segundo a qual "o investimento [*Besetzung*] se revela, para o decurso da Qη, equiva-

85 Lacan, J., *O seminário*, Livro 7, Rio, Zahar, 1988, p.272.
86 Derrida, J., op. cit., p.185.

lente à facilitação [*Bahnung*]".[87] Não se trata de identificar ambos os conceitos, *Bahnung* não é *Besetzung*. Enquanto este último é um conceito quantitativo, *Bahnung* é um conceito qualitativo. A *Besetzung* se refere à ocupação ou preenchimento de um neurônio pela Qη; a *Bahnung* implica uma diferença pura, o que Freud designou de "preferência do caminho" (*Wegbevorzugung*), que não apenas é um diferencial facilitação/dificultação, mas também uma concatenação, uma cadeia. Não foi sem razão que Lacan aproximou a noção de *Bahnung* proposta por Freud à sua noção de "cadeia significante".[88] É indiscutível que *Bahnung* e *Besetzung* são noções que se implicam mutuamente, mas de forma alguma se confundem.

15. Dor e vivência de dor (Schmerzerlebnis).

Apesar de Freud não se dedicar muito extensamente à questão da dor, ela ocupa um lugar privilegiado no *Projeto*. Como salienta Derrida,[89] "de certo modo, não há trilhamento [*Bahnung*] sem um começo de dor". Num organismo vivo, os dispositivos biológicos têm por função proteger a vida dos investimentos perigosos, no entanto, a ação desses mecanismos tem seus limites de eficácia, além dos quais eles fracassam e sobrevêm a dor e, no limite, a morte.

Vimos que o sistema φ de neurônios é dotado de um dispositivo que impede a invasão de grandes Q

87 *AE*, **1**, p.364; *ESB*, **1**, p.337; *AdA*, p.327.
88 Lacan, J., *O seminário*, Livro 7, Rio, Zahar, 1988, p.53.
89 Derrida, J., op. cit., p.187.

exteriores, o mesmo ocorrendo com o sistema ψ de neurônios, tanto no que diz respeito às Qη provenientes de φ como das provenientes de fonte endógena. É o fracasso desses dispositivos, provocando uma invasão excessiva de Qη, que provoca a dor. *A dor consiste, portanto, na irrupção de grandes Q em psi.*[90] O sistema nervoso dispõe de dois mecanismos destinados a neutralizar a recepção de Qη: descarga e fuga (esta última, no que se refere aos estímulos externos, já que não há fuga possível para os estímulos endógenos). Essa defesa contra a dor, contudo, não é eficaz quando se trata da irrupção de Q excessivamente grandes, e neste caso são colocados em movimento tanto o sistema φ como o sistema ψ, sem que nenhum dos dois seja capaz de impedir a condução da excitação. No caso da dor, os neurônios ψ tornam-se tão permeáveis quanto os neurônios φ, não sendo as barreiras de contato suficientemente resistentes para impedir a passagem da Qη.

O privilégio concedido à dor, no *Projeto*, pode ser avaliado pela afirmação de Freud, segundo a qual "a dor põe em movimento tanto o sistema φ como o ψ" (...) "é o mais imperioso dos processos".[91] Em termos do funcionamento do aparato, a dor produz em ψ: 1) um aumento de tensão que é sentido como desprazer por ω; 2) uma tendência à descarga; e 3) uma *Bahnung* entre a tendência à descarga e uma imagem-lembrança do objeto que provoca a dor. Portanto, além da *quantidade*, a dor possui também uma *qualidade* que é dada pelo sentimento de desprazer em ω. Tal como

90 *AE*, **1**, p.351; *ESB*, **1**, p.326; *AdA*, p.316.
91 Ibid.

ocorre na vivência de satisfação, quando na vivência da dor a imagem do objeto hostil é reinvestida, surge um estado de desprazer acompanhado de uma tendência à descarga. Este estado não é propriamente a dor, mas algo que possui uma semelhança com ela e que Freud denomina *afeto* (*Affekt*).

Vimos que a dor produz em ψ um aumento de tensão (que é sentido em ω como desprazer), uma tendência à descarga e uma facilitação entre esta tendência e a imagem do objeto que provocou a dor. Se a imagem do objeto hostil for reinvestida (em decorrência de novas percepções, por exemplo), o efeito deste investimento não será novamente a dor, mas um afeto acompanhado de desprazer. O termo *afeto* está sendo empregado aqui para designar a reprodução de uma vivência de dor, o que implica desprazer e não dor. Ora, todo desprazer significa aumento de nível de Qη, mas no caso presente sua origem não é externa, já que o objeto que originalmente causou a dor não está presente. No caso da dor o aumento de Qη era provocado pela Q externa, enquanto que na repetição da vivência da dor essa Q externa não está presente. De onde provém, então, o aumento de Qη?

Freud[92] lança mão aqui da noção de "neurônios-chave" (*Schlüsselneuronen*), para nos falar de um tipo especial de descarga que se produz no interior do sistema ψ a partir desses neurônios secretores. Assim como há neurônios motores que conduzem Qη aos músculos e a descarregam, devem existir também neurônios secretores que, quando excitados, produ-

92 *AE*, **1**, p.365; *ESB*, **1**, p.338; *AdA*, p.328.

zem no interior do corpo estímulos que atuam sobre as conduções endógenas de ψ. Os *Schlüsselneuronen* são portanto responsáveis pela descarga que se produz internamente a ψ, mas que ao invés de reduzir a tensão interna ao sistema, eles provocam excitações que aumentam ainda mais a tensão. É essa excitação provocada pelos neurônios-chave a responsável pelo aumento de Qη em ψ no caso da reprodução da vivência da dor.

Em função do que foi dito sobre a memória em ψ, fica mais fácil entendermos o privilégio concedido por Freud à dor, no *Projeto*. Não apenas "não há *Bahnung* sem um começo de dor",[93] como não há organização psíquica sem um começo de dor. Mas ao mesmo tempo, a dor é o que desorganiza o aparelho psíquico, provocando uma perturbação tal que suspende, enquanto ela durar, as diferenciações estabelecidas. Enquanto a vivência de satisfação é diferenciadora, a vivência da dor é desdiferenciadora. Vimos que Freud define a dor como a irrupção de grandes Q em ψ, e que apesar dos sistemas de neurônios possuírem dispositivos protetores, essa invasão pode ocorrer devido à intensidade da Q. Q excessivamente grandes podem romper a proteção dos órgãos dos sentidos e superar a resistência oferecida pelas barreiras de contato, tornando os neurônios inteiramente permeáveis à condução da excitação. O efeito provocado por essa permeabilidade é a desdiferenciação das *Bahnungen*. Deixa de haver caminhos diferenciados e estabelece-se como que um só caminho

93 Derrida, J., op. cit., p.187.

que, na verdade, é um não-caminho, já que qualquer percurso é possível.

A dor não se situa no pólo oposto do prazer. O oposto do prazer é o desprazer, sendo que ambos estão referidos à organização do aparelho psíquico, sobretudo quando o diferencial prazer/desprazer se constitui como *princípio de prazer/desprazer*. A afirmação de Derrida, de que "não há *Bahnung* sem um começo de dor", não deve nos conduzir à idéia de que a dor é um princípio de estruturação do psiquismo. A afirmação acima é válida quando se trata de Q cuja intensidade ainda torna possível um contra-investimento. Quando um determinado limite é ultrapassado, não há defesa possível e as próprias *Bahnungen* se desdiferenciam. Dentro de certos limites, contudo, a dor, isto é, o acréscimo de Q proveniente do exterior, faz entrar em funcionamento a proteção contra a excitação (*Reizschutz*), além de dar lugar ao investimento colateral (*Seitenbesetzung*) como mecanismo ψ destinado a inibir o curso da excitação. É nessa medida que a frase de Derrida ganha sentido. As *Bahnungen* se formam tendo em vista uma economia do aparelho psíquico; a dor, quando intensa e duradoura, é exatamente o que desorganiza essa economia.

Apesar de dor e prazer ou desprazer não se situarem no mesmo registro, Freud não elimina a possibilidade de a dor vir a se constituir como um ingrediente importante na economia do prazer-desprazer, e mesmo de ela vir a se constituir como parte de uma vivência prazerosa. É o caso da relação entre a dor e o prazer sexual no masoquismo. Foi a teoria da sexualidade que obrigou Freud não apenas a admitir que um aumento de excitação pode ser vivido como prazeroso, como também a articular dor e prazer de uma forma não mutuamente exclusiva.[94]

16. *Afeto e desejo.*

A vivência de satisfação e a vivência de dor vão constituir dois resíduos: os *estados de desejo* (*Wunschzustande*) e os *afetos* (*Affekte*), ambos caracterizados por um aumento de tensão no sistema de neurônios ψ, produzido, no caso do afeto, pela liberação súbita de Qη, e, no caso do desejo, por somação.[95] Os desejos e os afetos vão, por sua vez, dar lugar a dois mecanismos básicos do aparelho psíquico: 1) a *atração de desejo* primária, atração para o objeto desejado e por sua imagem mnêmica; e 2) *defesa* primária ou recalque (*Verdrängung*), uma aversão a manter investida a imagem mnêmica hostil.

Afetos e desejos aparecem no *Projeto* com um sentido praticamente idêntico ao de *soma de excitação*. Num texto de 1894, *As neuropsicoses de defesa*, Freud já

94 Freud retoma a questão da dor em *Além do princípio de prazer* e em *Inibição, sintoma e angústia*. Em ambos os textos ele reafirma o ponto de vista defendido no *Projeto*, da dor entendida como um rompimento das barreiras antiestímulo como decorrência de uma estimulação externa muito forte. No texto de 1926, ele compara a dor, quando persistente, ao estímulo pulsional, ambos funcionando como estímulos constantes e contra os quais as proteções internas mostram-se ineficazes. Ainda em *Inibição, sintoma e angústia*, ele estabelece uma analogia entre dor física e dor anímica, com base na hipótese de que nesta última a representação-objeto correspondente a um objeto amado e perdido, por permanecer fortemente investida, desempenharia o papel da região do corpo atingido pelo estímulo intenso. (Cf. *AE*, **18**, pp.29-30; *ESB*, **18**, pp.45-6; *GW*, **13**, pp.31-2; e *AE*, **20**, pp.159-160; *ESB*, **20**, pp.196-7; *GW*, **14**, pp.204-5.)

95 *AE*, **1**, p.367; *ESB*, **1**, p.339; *AdA*, p.329.

havia afirmado que "nas funções psíquicas cabe distinguir algo (*quantum* de afeto [*Affektbetrag*], soma de excitação [*Erregungssumme*]) que tem todas as propriedades de uma quantidade...".[96] A primeira pergunta é se "*quantum* de afeto" (*Affektbetrag*) e "soma de excitação" (*Erregungssumme*) são sinônimos; a segunda pergunta é se "afeto" (*Affekt*) e "*quantum* de afeto" (*Affektbetrag*) têm também o mesmo significado.

O termo "soma de excitação" foi empregado inicialmente com referência ao princípio de constância,[97] não tendo exatamente o mesmo sentido de afeto, estando mais ligado ao aspecto puramente quantitativo do processo envolvido. Creio que a distinção terminológica "afeto" e "*quantum* de afeto" (*Affektbetrag*) aponta para essa outra distinção entre os aspectos qualitativos e os quantitativos do afeto em geral. No artigo "O inconsciente", de 1915, ao discutir a questão da possibilidade de "afetos inconscientes", Freud não apenas nega essa possibilidade ("A rigor...não há portanto afetos inconscientes como há representações inconscientes"), como estabelece uma diferença entre representações e afetos, dizendo que as primeiras são investimentos de marcas mnêmicas, enquanto que "os afetos e sentimentos correspondem a processos de descarga cujas exteriorizações últimas são percebidas como sensações."[98] Ele não fala aqui em afetos *ou* sentimentos, mas em afetos *e* sentimentos, numa indicação clara de que estes dois termos não são sinôni-

96 *AE*, **3**, p.61; *ESB*, **3**, p.65; *GW*, **1**, p.74.
97 Cf. *AE*, **1**, p.184; *ESB*, **1**, p.167; *GW*, **17**, pp.5-6.
98 *AE*, **14**, p.174; *ESB*, **14**, p.204; *GW*, **10**, p.277.

mos, mas que dizem respeito a momentos distintos de um processo. E dois anos mais tarde, nas *Conferências de introdução à psicanálise*,[99] depois de dizer que um afeto é algo muito complexo, distingue as descargas e as sensações nele envolvidas, sendo que as sensações podem, por sua vez, ser de dois tipos, as referentes às ações motoras ocorridas (descargas) e as sensações diretas de prazer e desprazer, as quais "emprestam ao afeto seu tom dominante". Creio que poderíamos considerar as inervações motoras ou descargas como correspondendo ao aspecto quantitativo do afeto (*quantum de afeto* ou *soma de excitação*) e as sensações de prazer e desprazer como o aspecto qualitativo, o afeto propriamente dito. O fato, ainda, de Freud referir o afeto tanto a sensações de prazer como de desprazer elimina a noção um tanto vaga no *Projeto* de que os afetos se refeririam apenas a experiências desagradáveis.

A importância do aspecto qualitativo do afeto pode ainda ser avaliada pela declaração de Freud, na carta 52, de que "o ataque histérico não é uma descarga mas uma *ação*", o que Lacan vê como uma "advertência àqueles que sentem sempre a necessidade de colocar em primeiro plano a incidência da quantidade na função do afeto".[100] É ainda Lacan quem vai salientar a natureza de *sinal* do afeto,[101] o que não retira seu caráter de signo mas ao mesmo tempo o diferencia do significante. Sob este aspecto, os afetos poderiam ser considerados como puras *intensidades*, reservando-se

99 *AE*, **16**, p.360; *ESB*, **16**, p.461; *GW*, **11**, p.410.
100 Lacan, J., *O seminário*, Livro 7, Rio, Zahar, 1988, p.70.
101 Lacan, J., op. cit., p.129.

o termo *sentimento* para designar sua expressão no pré-consciente/consciente.

Com relação aos *estados de desejo* (*Wunschzustande*), o que é posto em discussão é a atração pelo objeto ou por sua marca mnêmica, isto é, a questão da correspondência entre o objeto e as estruturas do eu. Num dos seus seminários, Lacan[102] assinala que Freud distingue, no que se refere aos estados de desejo, duas estruturações inteiramente distintas da experiência humana: uma, a da *reminiscência*, que supõe uma adequação ou harmonia entre o homem e o mundo dos objetos; outra, a da *repetição*, na qual o que se apresenta a ele coincide apenas parcialmente com aquilo que já lhe proporcionou satisfação e que por esta razão lhe impõe uma busca, pela repetição, no sentido de reencontrar o objeto. Como o objeto que ele encontra nunca é exatamente igual ao original, a busca não cessa jamais, isto é, o sujeito não pára de engendrar objetos substitutivos. É nesta medida que Lacan apresenta a função de repetição como responsável pela estruturação do mundo dos objetos. Utilizando o esquema anterior, a representação gráfica fica a seguinte:

102 Lacan, J., *O seminário*, Livro 2, Rio, Zahar, 1985, p.131.

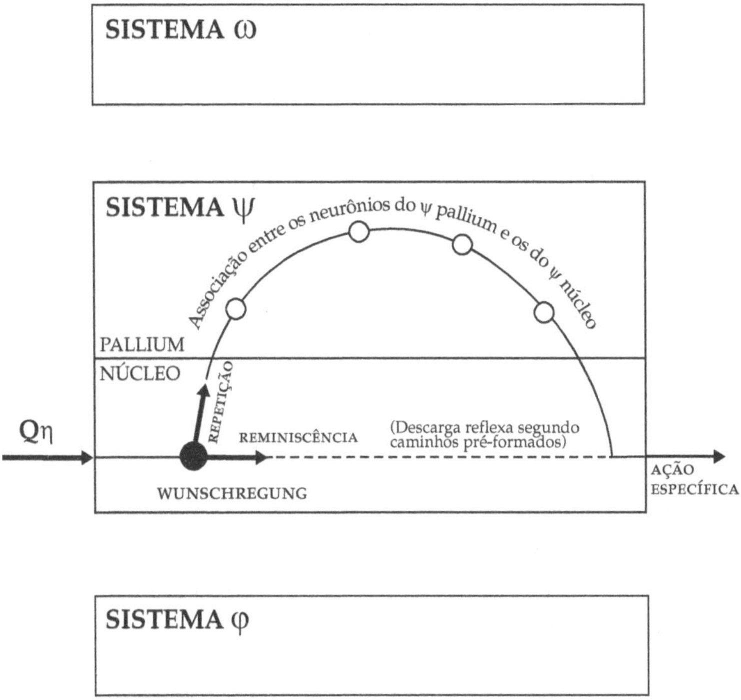

Tanto os *afetos* quanto os *estados de desejo,* serão objeto de análises mais amplas nos textos que seguirão a este. Por enquanto teremos que nos contentar com as indicações acima.

17. Introdução do "eu".

No item que tem por título *Einführung des "Ich"*, Freud nos diz que há no sistema ψ núcleo um grupo de neurônios constantemente investido que ele define como "eu" (*Ich*). Embora o eu possa ser caracterizado pela totalidade dos investimentos em ψ, ele não se esgota em ser a mera soma desses investimentos, Freud se refere a ele como uma "organização" em ψ. A função dessa organização é inibir a descarga de Qη quando da ausência do objeto, a partir dos signos de realidade provenientes do sistema ω, dando lugar à distinção entre *processo primário* e *processo secundário* em ψ.

Mas, como surge o eu? Ou ainda: de onde surge o eu?

Se tomarmos como referência a frase de Freud da 31ª das *Novas conferências de introdução à psicanálise*: "*Wo Es war, soll Ich werden*",[103] que pode ser traduzida por "Onde isso era, eu devo vir a ser", o eu (*Ich*) deveria ser considerado como uma organização que surgiria a partir do isso (*Es*). É sem dúvida prematuro entrarmos em considerações em torno do conceito de Isso (Es), já que trata-se de um conceito que vai ser introduzido por Freud somente em 1923 em *O Eu e o Isso*. Aquilo de que pretendo me apropriar aqui é da idéia de que "onde isso era", isto é, onde havia havia apenas excitações dispersas, ausência completa de organização psíquica, caos, uma organização teve lugar.

Sei do perigo de tal apropriação, já que a frase freudiana não nos fala de lugares, nem do Isso e do Eu como algo substancial, mas sim de diferentes sujeitos. Sei ainda que a tradução para o inglês feita por Strachey, "*Where the id was, there the ego shall be*", trai

103 *GW*, **15**, p.86; *AE*, **22**, p.74; *ESB*, **22**, p.102.

o sentido original, já que introduz artigos (*the id, the ego*) onde eles não existiam (Freud não fala em *das Es* ou *das Ich*, mas omite intencionalmente o artigo, eliminando o caráter substantivo que *Es* e *Ich* poderiam ter na frase), legando aos leitores de língua inglesa e àqueles que tiveram acesso ao texto freudiano através de traduções feitas a partir da tradução inglesa, uma direção de leitura que é, no mínimo, tendenciosa.[104] Contudo, o fato de Freud se referir ao Isso como "um caos",[105] mas também como uma instância *psíquica*, e ao Eu como designando as primeiras organizações em ψ, nos habilita a tentar uma ponte entre os textos de 1895 e de 1923.

Wo Es war...onde havia o caos, um estado de pura dispersão de excitações, uma organização se constituiu. Nesse momento de indiferenciação original, momento mítico por excelência, teria tido lugar a experiência primária de satisfação. Aquilo que podemos atribuir a esse momento é um *prazer*, prazer de órgão, e não o princípio de prazer. Não é o princípio de prazer que funda o prazer, mas ao contrário, é o prazer que se erigirá em princípio. A passagem do prazer entendido como estado psicológico para o prazer entendido como princípio se dá pela *ligação* (*Bindung*).[106]

A ligação consiste numa contenção ao livre escoamento das excitações, transformando o estado de pura

[104] Cf. Garcia-Roza, L.A., *Freud e o inconsciente*, Rio, Zahar, 1984, pp.208-209.
[105] *AE*, **22**, p.68; *ESB*, **22**, p.94; *GW*, **15**, p.80.
[106] Ver: Deleuze, G., *Présentation de Sacher-Masoch*, Paris, Minuit, 1967.

dispersão das excitações em um estado de integração. A noção de *ligação* (*Bindung*) é indissociável das noções de *investimento colateral* (*Seitenbesetzung*) e de *trilhamento* (*Bahnung*). A Qη que atinge um neurônio tende a distribuir-se através das barreiras de contato que oferecem menor resistência, em direção à descarga motora. É o que Freud vai designar de *energia livre*. Mas se um neurônio vizinho é investido simultaneamente, fazendo com que pela proximidade de ambos e pela simultaneidade do investimento crie-se algo análogo a um campo de forças unificado, a Qη ao invés de se dirigir em direção à descarga, tem seu curso alterado em favor de um *investimento colateral* (*Seitenbesetzung*). O investimento colateral é portanto uma inibição do livre escoamento da Qη, através da facilitação de uma rede de neurônios. Trata-se de uma diferença nos percursos; se por um lado (pelo investimento colateral) é uma facilitação, por outro é uma dificultação ao livre escoamento da Qη; daí Freud se referir a *Bahnung* como uma "preferência do caminho" (*Wegbevorzugung*).[107]

A ligação corresponde à transformação da *energia livre* em *energia ligada*. São essas ligações, anteriores à própria vigência do princípio de prazer, que vão constituir um primeiro esboço de organização a partir do Isso: "Essa organização", escreve Freud, "se chama *eu* [*Ich*]." O eu, portanto, não é o agente da ligação, mas um *efeito* dela. Não há eu anterior à ligação.

Se a ligação é uma primeira forma de organização, a *fixação* ou *recalque primário* é o que vai fornecer

[107] *AE*, **1**, p.345; *ESB*, **1**, p.320; *AdA*, p.309.

os primeiros delineamentos dos lugares psíquicos. A ligação é, desta forma, uma *síntese a priori* que opera a passagem de um estado de pura dispersão de excitações a estados de integração ou organizações parciais. As primeiras ligações são *sínteses passivas*, apenas limitam ou impedem o livre escoamento das excitações; num segundo momento tornam-se *sínteses ativas*, repetições diferenciais. Essas organizações vão se fazer sobre as excitações que já foram acompanhadas de prazer ou de dor e que se tornam elementos de uma repetição. O eu é o responsável pela repetição de experiências anteriores (experiências de satisfação) ou pela inibição da descarga.

Ao eu resultante das primeiras ligações (sínteses passivas) e ao eu resultante das repetições (sínteses ativas), correspondem momentos diferentes e lugares diferentes na organização do sistema ψ. Originalmente, o eu consiste no conjunto dos investimentos dos neurônios do sistema ψ *núcleo*, e que procura descarregar a Qη por um caminho que conduz à alteração interna, isto é, o esforço (*Drang*) em direção ao alívio motor tem como resultado apenas alterações internas (expressão das emoções, choro, inervação muscular), alterações estas que, por não implicarem em alterações no mundo externo, não resultam no alívio da tensão, dado que a estimulação endógena persiste por não ter sido eliminado o estado de necessidade na fonte corporal através do oferecimento do objeto adequado. Neste caso, as alterações internas em nada contribuem para o alívio da tensão em ψ. Este eu originário é o *real-Ich* (segundo a distinção feita por Freud em *Pulsão e destino das pulsões*). Posteriormente, esse eu se amplia e passa a exercer a função de inibição dos processos psíquicos primários (não mais síntese passiva, mas síntese ativa). A partir dos signos de qualidade enviados por ω, passa a ser um sistema a partir do qual será possível o pensar discernidor que distinguirá a representação-lembrança (imagem do objeto de satisfação) e a representação-percepção (presença real do objeto). O eu, assim ampliado, passa a abranger o sistema ψ *pallium*, com uma função reguladora de todo o sistema ψ, tornando possíveis os processos psíquicos secundários.

Esse eu que se forma inicialmente não é unificado nem unificador, são *eus parciais*, sínteses passivas, correspondentes às primeiras ligações efetuadas sobre excitações dispersas. Esse eu é o *real-Ich*, "o real derradeiro da organização psíquica", segundo Lacan. O *real-Ich* é ainda necessariamente um *lust-Ich*, sendo que é nele "que se manifestam os primeiros esboços de organização psíquica, isto é, desse organismo ψ que vai ser dominado pela função das *Vorstellungsrepräsentanzen*".[108] A retomada por parte de Freud da noção de *Vorstellung*, noção central no texto de 1891 sobre as afasias, será analisada mais à frente.

O eu do *Projeto* é, pois, essa organização de neurônios constantemente investidos, investimento este que consiste na provisão (*Vorrat*) requerida pela função reguladora que ele desempenha. Lacan assinala que essa função reguladora exercida pelo *Ich* pode ser considerada como o "inconsciente em função"[109] (e não como estrutura). Essa função de inibição se exerce

108 Lacan, J., *O seminário*, Livro 7, Rio, Zahar, 1988, p.128.
109 Lacan, J., op. cit., p.66.

sobre os processos psíquicos primários, dando lugar aos processos psíquicos secundários.

18. Processos primário e secundário em ψ.

Vimos que o eu é concebido como uma organização neuronal interna ao sistema ψ e que é o *Vorratsträger*, o portador da provisão requerida pela função secundária. O eu em ψ tende a se livrar dos seus investimentos pelo método da satisfação, o que é possível na medida em que ele interfira nas passagens de Qη, que da primeira vez foram acompanhadas de prazer ou de dor, inibindo o reinvestimento da imagem mnêmica hostil ou mesmo da imagem mnêmica de satisfação, caso se trate não da percepção do objeto mas sim da lembrança do objeto. Essa inibição pelo eu acontece quando um investimento colateral impede o livre curso da Qη.

O que ocorre é o seguinte:[110] quando se dá a experiência de satisfação, três coisas acontecem no interior do sistema ψ: 1) é operada uma descarga; 2) produz-se o investimento de um grupo de neurônios correspondente à percepção do objeto que produziu a satisfação; 3) chegam ao ψ *pallium* informações sobre a descarga que se segue à ação específica. A partir daí, estabelece-se uma facilitação (*Bahnung*) entre esses investimentos e os neurônios do ψ *núcleo*. A satisfação está, a partir de então, ligada tanto à imagem do objeto

[110] Para o que se segue, cf. Garcia-Roza, L. A., *O mal radical em Freud*, Rio, Zahar, 1990, cap.7.

como à imagem do movimento de descarga. Quando reaparece o estado de necessidade, ambas as imagens são reinvestidas ou reativadas. Aquilo que essa reativação vai produzir é idêntico à percepção original do objeto, sua *imagem*, só que agora o objeto está ausente. O que vai ser produzido, portanto, não é a percepção do objeto, mas a alucinação do objeto, seguindo-se a ela a descarga. O resultado evidente é o desapontamento e o desprazer. Daí a necessidade de se distinguir entre imagem-percepção e imagem-lembrança. Esta é a função do princípio de realidade.

O princípio de prazer não pode atender a essa exigência, já que ele regula o equilíbrio interno do aparelho mas não pode ter uma finalidade adaptativa, pois não dispõe de um sistema percepção-consciência, não sendo portanto capaz de distinguir o objeto real do objeto alucinado. Para tanto, é necessário um *princípio de correção* que confira ao aparelho psíquico uma eficiência mínima, eficiência esta que será dada pelo princípio de realidade.

O sistema que detém a percepção-consciência é o sistema ω que fornece ao sistema ψ uma indicação de realidade (*Realitätszeichen*), um *signo de realidade*. O que podemos dizer desde já é que o princípio de realidade não diz respeito ao mundo exterior enquanto tal, mas aos signos que o indicam. Mais ainda, o princípio de realidade atua no nível do processo secundário regulando o que Freud denominou *Not des Lebens*, necessidade vital. Aquilo que o aparelho psíquico nos fornece, seja no nível inconsciente, seja no nível consciente, são signos que, em última instância, estão submetidos à função estruturante da linguagem.

Quando a imagem do objeto é fortemente reinvestida a ponto de ser reativada alucinatoriamente, também se produz a mesma indicação de descarga que se produz no caso da percepção do objeto externo. A tese de Freud é de que isto ocorrerá a menos que uma inibição por parte do eu impeça que se produza o signo de realidade. E este é o ponto central de sua tese. Os signos de realidade, quando provenientes do exterior, produzem-se sempre, independentemente da intensidade do investimento, mas quando ligados a estímulos provenientes do interior do sistema ψ, eles somente ocorrem se a intensidade do investimento for elevada. Daí a importância da inibição por parte do eu em ψ para que possa haver uma diferenciação entre percepção e lembrança. É o investimento moderado do objeto, por efeito da inibição por parte do eu, que permite reconhecer esse objeto como não sendo real. Se a inibição não ocorresse, a intensidade do investimento seria semelhante à produzida pelo objeto externo e a distinção seria impossível.

A inibição por parte do eu e o signo de realidade fornecido por ω permitem a ψ distinguir a imagem-percepção da imagem-lembrança. Se o signo de realidade encontrar o eu em estado de desejo, terá lugar a descarga em direção à ação específica; se o signo de realidade coincidir com um acréscimo de desprazer, ocorrerá uma defesa através do investimento colateral; e se o signo de realidade não coincidir nem com um estado de desejo, nem com um acréscimo de desprazer, então o investimento percorrerá, sem inibição, a cadeia das *Bahnungen*.

Freud denomina *processos psíquicos primários*, o investimento-desejo que conduz à alucinação e ao desprazer resultante, e denomina *processos psíquicos secundários* aqueles possibilitados por um bom investimento do eu e que inibem os primeiros. É importante notar que essa distinção entre processos primários e processos secundários não corresponde à distinção entre inconsciente e consciente. Tanto os processos primários como os processos secundários aos quais Freud se refere aqui são processos internos ao sistema ψ, sendo, portanto, ambos inconscientes, o que aliás é assinalado pelo próprio título que Freud dá ao item em questão: "Processo primário e secundário em ψ."

Duas noções começam a ganhar relevo a partir deste ponto: a noção de *Vorstellung* (representação) e a noção de *Zeichen* (signo). A primeira delas se transformará numa das noções centrais de *A interpretação de sonhos*, enquanto que a segunda ganha um estatuto especial já a partir de 1896, na carta 52, ao ser articulada às noções de inscrição (*Niederschrift*) e de retranscrição (*Umschrift*).[111]

19. *A coisa* (das Ding).

A introdução do *signo de realidade* não resolve inteiramente o problema da distinção entre representação-lembrança e representação-percepção ou, como prefere Freud, entre percepção (*Wahrnehmung*) e lembrança (*Erinnerung*) ou representação (*Vorstellung*). A própria ênfase dada a partir de então à noção de representação (*Vorstellung*) é já um índice de uma mudança de registro operada por Freud. É diferente falarmos em neurônios e de investimento de neurônios, e falarmos em representações e investimento de

[111] Cf. supra, cap. 3.

representações. Uma representação é uma imagem ou um complexo de imagens, e esta passagem para o plano da imagem não deve ser considerada como uma mudança apenas terminológica.

Vimos que o signo de realidade só pode surgir a partir do sistema ω, já que o ego em ψ não tem acesso à realidade. É a partir da percepção (*Wahrnehmung*) que o sistema opera para fornecer a ψ esses indicadores de realidade. Mas eis que aparentemente se instala um círculo vicioso, pois aquilo que a percepção constitui são representações (*Vorstellungen*), ou, para ser mais preciso, complexos de imagens. Ora, se temos de um lado as *imagens-percepção* e de outro lado as *imagens-lembrança*, isto é, se em ambos os casos temos *imagens*, como distinguir as primeiras das segundas?

Freud não admite que o processo de subjetivação seja de tal ordem que torne impossível um critério de discernimento entre a experiência perceptiva e a experiência alucinatória, e nos oferece três exemplos de experiências nas quais estão presentes simultaneamente a representação-lembrança decorrente do investimento de desejo e a representação-percepção decorrente do objeto externo, e de como se processa a distinção entre elas.

No primeiro exemplo, a representação-lembrança e a representação-percepção coincidem inteiramente; no segundo, a representação-lembrança coincide apenas parcialmente com a representação-percepção; e no terceiro, a representação-lembrança e a representação-percepção não coincidem em nada. Vejamos o que ocorre em cada uma dessas situações.[112]

[112] Cf. Garcia-Roza, L. A., *O mal radical em Freud*, Rio, Zahar, 1990, pp.102-103.

No primeiro caso, temos uma representação-lembrança produzida pelo investimento de desejo que coincide com a representação-percepção decorrente do objeto externo. Como a imagem mnêmica e a percepção coincidem inteiramente (supondo-se que isto seja possível), os signos de qualidade (*Qualitätszeichen*) provenientes do sistema ω dão lugar à repetição da ação específica, sem maior trabalho por parte do sistema ψ *pallium*. Convém ressaltar que uma identidade perfeita entre dois complexos de representações é um caso limite, ideal, não correspondendo possivelmente a nenhum momento real da experiência do sujeito.

No segundo caso, que é o mais comum, temos uma representação-percepção que coincide apenas parcialmente com a representação-lembrança, isto é, com o investimento-desejo. Essa situação implica um julgamento primário concernente à identidade ou não-identidade dos dois complexos neurônicos. Havendo apenas semelhança e não identidade, não é seguro iniciar uma descarga. Há então uma suspensão da ação, isto é, uma inibição da descarga, por parte do eu, e inicia-se um processo de pensar, cujo objetivo é o reconhecimento do objeto a fim de que possa se dar a ação específica.

Como estes investimentos nunca se fazem sobre neurônios isolados mas sobre complexos de neurônios,[113] podemos representar simplificadamente este segundo caso dizendo que a representação-lembrança

113 Embora Freud se refira, neste item, a "neurônios" e "complexos de neurônios", o mesmo raciocínio pode ser mantido se substituirmos estes termos por "imagens" e "complexos de imagens".

(investimento-desejo) relaciona-se ao neurônio **a** + o neurônio **b**, enquanto a representação-percepção (investimento-percepção) relaciona-se ao neurônio **a** + o neurônio **c**. Neste caso, diz Freud, o complexo-percepção se decomporá em duas partes: o neurônio **a**, que permanecerá idêntico, e o neurônio **b** que é variável. O neurônio **a** será denominado *a coisa* (*das Ding*) e o neurônio **b** seu atributo ou predicado.

O que Freud está introduzindo aqui é *a coisa* (*das Ding*), noção que durante meio século permanecerá inexplorada pelos seus comentadores e que será retomada por Jacques Lacan em seu *Seminário 7*.[114] *Das Ding* é designada, na primeira referência que Freud faz a ela no *Projeto*, como **a** (neurônio **a**), e apresenta alguma semelhança com o que Lacan designará, mais tarde, como *objeto a*, sem que se tratem, contudo, de noções idênticas.

É no item 16 do *Projeto*, que tem por título "*Das Erkennen und reproduzierende Denken*" (O discernir e o pensar reprodutor), que Freud trata pela primeira vez do tema. "*Das Erkennen*" pode ser aqui traduzido por "discernir" ou mais propriamente por "reconhecer", pois trata-se do reconhecimento do objeto da ação específica.

Retomando a descrição acima, na qual **a+b** representa o investimento-desejo e **a+c** o investimento-percepção, Freud declara que um juízo primário estabelecerá a diferença e ao mesmo tempo a semelhança parcial entre os conjuntos **a+b** e **a+c**, sendo que o elemento responsável pela semelhança é **a**.[115] Con-

[114] Cf. Lacan, J., *O seminário*, Livro 7, Rio, Zahar, 1988, caps. IV e V.
[115] *AE*, **1**, p.373; *ESB*, **1**, p.345; *AdA*, pp.334-5.

tudo, em outras passagens do *Projeto*[116] ele volta a abordar o tema e refere-se ao elemento **a**, a *coisa*, como o inassimilável, o não-comparável, o resíduo que escapa ao juízo. Se assim é, se **a** é o irrepresentável e o excluído do pensamento, não é possível conceber-se um movimento que, partindo de **c**, chegue a **a**. Os predicados ou propriedades dos complexos de representações dizem respeito à parte variável do complexo (os neurônios **b**, **c**, **d**) e não ao ingrediente que permanece idêntico (**a**). É portanto em função de **b**, **c** ou **d** que poderão ser feitas as comparações entre os vários complexos que apresentam um ponto de interseção (**a**).

Nesse complexo-percepção, caberá à linguagem desentranhar a semelhança entre: 1. O núcleo do eu (em ψ *núcleo*) e o elemento perceptivo constante, *das Ding* (em ψ *pallium*); e 2. entre os investimentos variáveis do *pallium* e o elemento perceptivo inconstante. Daí se infere que *das Ding* é comum tanto aos investimentos do *pallium* como aos do *núcleo*, sem ser, no entanto, redutível a um ou a outro. *Das Ding* é uma *konstante Struktur*, uma estrutura constante presente no estado de desejo e na percepção, mas sem pertencer propriamente a nenhum dos dois. É o caso, inclusive, de se perguntar se *das Ding* é localizável no aparelho psíquico do *Projeto*:[117] "*A coisa* é mais facilmente assimilável à interseção vazia de dois conjuntos separados ...." Tomemos o exemplo dado por Freud e

[116] *AE*, **1**, pp.379, 414, 432; *ESB*, **1**, pp.351, 381, 397; *AdA*, pp.339, 365, 381.
[117] Cf. Dreyfuss, J.-P., "Remarques sur *das Ding* dans l'Esquisse", in: *Littoral* n. 6.

tentemos identificar a que corresponde, nele, o elemento **a**: A imagem mnêmica desejada [pela criança] é a imagem do seio materno com o mamilo numa visão frontal, e a primeira percepção, uma visão lateral do mesmo objeto sem o mamilo. Na memória da criança há uma experiência, casualmente adquirida no ato de mamar: a de que com um determinado movimento de cabeça a imagem frontal se converte em imagem lateral. A imagem lateral agora percebida conduz [à imagem do] movimento da cabeça; um ensaio mostra que o equivalente desse movimento deve ser executado para se obter a percepção da visão frontal.[118]

No comentário que faz a essa passagem, Dreyfuss observa que não há como localizar, no exemplo, o elemento **a**. De fato, a visão do mamilo corresponde ao investimento de **b**, enquanto que sua invisibilidade na visão lateral corresponde ao investimento de **c**. A que corresponde **a**? Não é a imagem do seio em visão frontal nem à imagem lateral; não é também ao que há de comum em todos os ângulos de visão possíveis do seio. O elemento **a** "é o que há de comum entre o investimento-desejo e todas as imagens do seio tais que uma experiência de satisfação, único critério admissível, poderá ou terá podido seguir".[119] Dito de outra maneira: *das Ding* refere-se ao que há de comum a todas as percepções relativas à presença do Outro, não se reduzindo a um componente perceptivo banal.[120]

118 *AE*, **1**, p.374; *ESB*, **1**, p.346; *AdA*, p.335.
119 Dreyfuss, J.-P., op. cit., p.56.
120 Op. cit., p.58.

Quando descrevi a experiência de satisfação (item 15), fiz uma rápida referência à relação entre o choro da criança, entendido como demanda ao Outro, e a experiência do *Nebenmensch*. É chegado o momento de retomarmos o tema. Um exemplo utilizado por Freud do pensar discernidor é o do chamado complexo do próximo (*Nebenmensch*). A situação que Freud descreve é a de um recém-nascido cujo objeto de percepção é um outro ser humano — um próximo (*Nebenmensch*).[121] Foi um objeto semelhante a este que se constituiu como primeiro objeto de satisfação (ou como primeiro objeto hostil) para o recém-nascido, daí revestir-se de interesse por parte do *infans* e ao mesmo tempo como campo privilegiado no qual o ser humano aprende a discernir. Mas o objeto original era apenas semelhante e não igual a este agora. O complexo perceptivo atual apresentará traços novos e incomparáveis (como os traços faciais, por exemplo) e outros que poderão coincidir com as representações-lembrança do próprio sujeito e semelhantes a lembranças de movimentos por ele próprio vivenciados (movimentos de mãos e braços experimentados por ele próprio, por exemplo). Suponhamos ainda que este próximo dê um grito. A percepção desse grito pode-se associar à lembrança do grito do próprio recém-nascido e, portanto, de uma experiência de dor. Desta forma, continua Freud, o complexo do próximo se separa em duas partes componentes: uma que se

[121] Dreyfuss (op. cit., p.49) chama atenção para o fato de que esse *Nebenmensch* não deve ser identificado com o semelhante, ao próximo como semelhante. Nada no *Projeto* permitiria uma identificação do *Nebenmensch* como uma unidade imaginária na qual o sujeito reconheceria seu semelhante.

impõe por uma união constante e que se mantém como *coisa* (*Ding*), enquanto que a outra parte pode ser compreendida ou rastreada pela atividade mnêmica.[122]

Lacan nos adverte para não nos iludirmos quanto à natureza da *coisa*. Não se trata de algo que por permanecer coeso nos informará sobre a qualidade do objeto, seus atributos; o *Ding* é, ao contrário, o que nessa experiência é isolado pelo sujeito como sendo estranho.[123] *Das Ding* é o não-representável, mas ao mesmo tempo, aquilo em torno do qual se organizam as representações (*Vorstellungen*). Voltando aos nossos neurônios **a** + **b**, aquilo que é qualidade ou atributo do objeto e que faz parte do investimento do sistema ψ, constituindo as *Vorstellungen* primitivas, diz respeito ao **b**; o **a** permanece como estranho, como índice de um exterior irrepresentável e que não se confunde com a realidade enquanto portadora das *Qualitätszeichen*. "O *Ding* como *Fremde*, estranho e podendo mesmo ser hostil num dado momento, em todo caso como o primeiro exterior, é em torno do que se orienta todo o encaminhamento do sujeito."[124] Enquanto exterior e estranho, *das Ding* fica fora daquilo que é regulado pelo princípio de prazer. *Das Ding* não pertence, portanto, ao espaço da representação, não habita propriamente aquilo que Freud designou de aparelho psíquico, mas nem por isso deixa de fazer presença embora ausente. Isto porque *das Ding*, pelo menos tal como é concebido por Freud no *Projeto*, não

122 *AE*, **1**, p.377; *ESB*, **1**, p.348; *AdA*, p.338.
123 Cf. Lacan, J., *O seminário*, Livro 7, Rio, Zahar, 1988, p.68.
124 Op. cit., p.69.

é *uma* coisa, nem tampouco a própria Coisa disfarçada, travestida de objeto, mas um *vazio* ou um furo, índice da coisa.

Finalmente, temos o terceiro caso de experiência na qual estão presentes simultaneamente a representação-percepção e representação-lembrança: é quando temos uma representação-percepção que não coincide em nada com a representação-lembrança investida. Neste caso, surge um interesse em discernir essa representação-percepção, no sentido de descobrir um caminho que conduza, a partir dela, à representação-lembrança. Nesse rastreamento das *Bahnungen*, Qη segue conexões que possibilitem, através de semelhanças parciais, chegar à identidade procurada e à descarga. É essa atividade de rastreamento de Qη que dá lugar ao processo de pensamento, particularmente à atividade judicativa.

20. O pensar e a realidade.[125]

Freud dedica três seções do final da parte I do *Projeto* (assim como quase toda a parte III) à análise do processo de pensamento. Nelas, são estudados o *pensar discernidor* ou *judicativo* e o *pensar reprodutor* (que abarca o recordar, o desejar e o ter expectativas), ambos processos secundários ψ.

O ponto de partida para o tema foi dado pela questão que discutimos no item anterior: a do discer-

[125] A análise dos itens 16, 17 e 18 da parte I do *Projeto*, dedicados ao estudo do processo de pensamento, não pode ser feita de forma adequada se não levarmos também em conta a parte III, quase toda ela dedicada à análise do processo de pensar.

nimento entre representações. Trata-se de, a partir da situação perceptiva dada, atingir a situação perceptiva desejada; "a meta e o fim de todos os processos de pensamento é produzir um *estado de identidade*".[126] Não se trata da identidade alucinatória do processo primário, caminho direto e rápido para se obter a identidade de percepção, mas aquela que resulta da decomposição de um complexo perceptivo provocada pela dessemelhança entre o investimento-desejo de uma lembrança e um investimento-percepção semelhante a ela. Se houvesse identidade entre ambos os investimentos, o que ocorreria seria a descarga e não o pensar discernidor ou judicativo. É a dessemelhança (ou semelhança parcial) que provoca a inibição por parte do eu e dá lugar ao trabalho de pensar.

O pensar judicativo prepara o caminho para o pensar reprodutor, fornecendo-lhe *Bahnungen* facilitadoras da identidade procurada. "Se, uma vez concluído o ato de pensar, o signo de realidade [*Realitätszeichen*] se soma à percepção, obtém-se o *juízo de realidade*, a *crença*, alcançando-se assim a meta de todo o trabalho."[127] O termo empregado por Freud como equivalente do juízo de realidade é "crença" (*Glaube*), numa aguda demonstração de que não é tão deficiente em filosofia como ele próprio declarava ser. Todo juízo de realidade traz implícita uma crença nessa realidade. A realidade, ou, para ser mais exato, o real, nunca é dado. Um juízo de existência tem sempre o estatuto de uma hipótese. Daí o paradoxo do princípio de realidade a que se refere Lacan. Real-

[126] *AE*, **1**, p.378; *ESB*, **1**, p.349; *AdA*, p.338.
[127] Ibid.

mente, para fazer funcionar o princípio de realidade, Freud recorre ao sistema ω de neurônios, responsável pela percepção-consciência, cuja finalidade é fornecer ao sistema ψ os signos de realidade ou signos de qualidade. Assim, aquilo que o sistema ω fornece ao sistema ψ não é a realidade ela própria, mas *signos* de realidade. E esse é o paradoxo do princípio de realidade. Seu ponto de partida são as informações enviadas por ω, responsável pela percepção-consciência. No entanto, Freud nos diz também que o princípio de prazer (não o princípio de realidade) se exerce precisamente sobre a percepção, visando uma identidade perceptiva. Se assim é, como será possível distinguir quando essa identidade perceptiva se faz de forma alucinatória ou real? A conclusão a que chega Lacan é de que a característica fundamental do aparelho psíquico é que ele está feito não para satisfazer a necessidade, mas para aluciná-la. O princípio de realidade, enquanto princípio de correção, não corrige o mundo interno em relação ao mundo externo, mas corrige o mundo interno em relação a ele próprio.[128]

Esta conclusão, se radicalizada, entraria em choque com a afirmação de Freud de que o processo de subjetivação não pode ser de tal ordem que torne impossível um critério de discernimento entre percepção e alucinação. Mesmo que o princípio de realidade tenha essa característica paradoxal apontada por Lacan, é necessário que algo interno à subjetividade funcione como índice de uma realidade externa. É esse "algo" que fará com que o juízo de realidade seja

[128] Lacan, J., *O seminário*, Livro 7, Rio, Zahar, 1988, pp.43-44.

acompanhado (ou mesmo fundado) numa crença. *Das Ding*, enquanto vazio, furo na subjetividade, funciona como índice da exterioridade. "O que chamamos *coisas* [*Dinge*] são restos que se subtraem do pensar judicativo",[129] e exatamente porque escapam à apreciação judicativa, porque isolados na experiência subjetiva e permanecerem como algo estranho (*Fremde*), é que se constituem como índice do primeiro exterior.

Um outro índice da exterioridade são os signos de qualidade (*Qualitätszeichen*) "que são também signos de realidade objetiva [*Realitätszeichen*]".[130] Os signos de qualidade são signos de descarga em ω e sua função é precisamente servirem para distinguir os investimentos-percepção dos investimentos-desejo. Já vimos que estes signos são enganosos, como aliás o são todos os signos, mas o fato de serem portadores de ambigüidade não elimina sua função de signos de realidade. O engano é indissociável da relação que mantemos com a realidade externa. Tentar eliminá-lo corresponderia a estabelecermos uma relação direta, sem mediação alguma, sem a mediação até mesmo da linguagem, com a exterioridade da coisa em si. Isto é impossível, além de implicar na própria destruição da psicanálise. O engano não é um acidente incômodo com o qual a psicanálise tem que conviver, mas aquilo que constitui seu próprio ponto de partida e que permanece como núcleo essencial de sua prática. Se não se trata de eliminá-lo, cabe então ao sujeito proceder a retificações sucessivas de modo a atender, minimamente, ao *Not des Lebens*, à necessidade vital

129 *AE*, **1**, p.379; *ESB*, **1**, p.351; *AdA*, p.339.
130 *AE*, **1**, p.419; *ESB*, **1**, p.385; *AdA*, p.374.

que Freud faz intervir no nível do processo secundário como que para impedir o fracasso total do princípio de realidade.

Talvez fosse o caso de fazermos um pequeno parênteses destinado a um esclarecimento terminológico.[131] De que realidade se trata quando Freud fala em "princípio de realidade"? Não se trata da *realidade psíquica*, posto que esta vai designar, mais tarde, a realidade do inconsciente, do desejo e de suas fantasias, e é precisamente a diferença entre o desejo e suas fantasias, por um lado, e o que se apresenta como objeto da percepção, de outro, o que Freud está procurando estabelecer com os signos de realidade. Uma coisa é a realidade psíquica, que vai ser considerada como a *Wirklichkeit*, a verdadeira realidade (para a psicanálise), outra é a *realidade externa*, entendida esta como correlato da consciência, como o mundo tal como é percebido por nós na experiência imediata. É desta realidade, realidade externa, que Freud nos fala, no início de sua construção teórica, quando opõe princípio de prazer e princípio de realidade.

Voltemos à questão principal: o pensar discernidor ou judicativo e o pensar reprodutor. Estávamos vendo como opera o pensar discernidor, que Freud entende como preparatório ao pensar reprodutor. Trata-se da decomposição do complexo perceptivo no sentido de se distinguir a percepção da representação (ou, numa outra terminologia, distinguir a representação-percepção da representação-lembrança), sendo

131 De qualquer forma, remeto o leitor ao meu livro *O mal radical em Freud* (Rio, Zahar, 1990), cap. 7: "A realidade e o princípio de realidade", onde esta questão é tratada mais extensamente.

que essa distinção será possibilitada pelos signos de qualidade que são também signos de realidade. São estes signos que vão indicar para ψ que se trata de uma percepção. Esse mecanismo, ao qual Freud dá o nome de *atenção psíquica*, opera da seguinte forma.

O investimento-desejo dá-se no nível do ψ *núcleo*, enquanto que o investimento-percepção situa-se no nível do ψ *pallium*. O sistema ψ *pallium* guarda as imagens mnêmicas dos objetos externos percebidos assim como guarda as imagens motoras das descargas efetuadas pela ação específica. Entre estas imagens e o estado de tensão no ψ *núcleo*, formam-se elos associativos através de *Bahnungen* facilitadoras decorrentes da vivência de satisfação. Quando os neurônios do ψ *núcleo* são reinvestidos a partir de fonte endógena, o ψ *pallium* investe as representações-lembrança dos objetos que anteriormente produziram satisfação.

Uma tensão interna ao ψ *núcleo*, caracterizando um estado de desejo, tem portanto como conseqüência o investimento da representação do objeto desejado (*Wunsch-Vorstellung*). Essa tensão de apetite (*Wunsch*) tem sua origem (e modelo) na vivência de satisfação da qual é uma repetição. Trata-se, porém, de uma repetição e não de uma percepção. O que é investido é a representação-lembrança do objeto e não a representação-percepção do objeto. Essa representação-lembrança não pode ser investida com a mesma intensidade que a representação-percepção, sob pena de não ser possível a distinção entre objeto percebido e objeto alucinado. Mas para que a representação não seja investida com a mesma intensidade que a percepção, é necessário que algo informe o eu em ψ, para que ele possa inibir a descarga até que se estabeleça a distinção entre objeto real e objeto alucinado. Se em seguida ao investimento da *Wunsch-Vorstellung* dá-se uma percepção que é idêntica à representação, essa percepção encontra os neurônios pré-investidos pelo desejo. Neste caso, a descarga pode ocorrer sem risco de frustração. Suponhamos porém que a percepção coincida com a representação apenas em parte, isto é, que elas não sejam iguais mas apenas semelhantes. Essa diferença parcial produz, por parte do eu, uma inibição da descarga, dando lugar ao processo de discernimento entre as representações. Este é o pensar discernidor ou judicativo, e seu objetivo é produzir um estado de identidade de percepção.

A atenção psíquica não opera apenas com representações que apresentam algum grau de semelhança, ela estabelece também um estado de expectativa voltado para quaisquer representações-percepção, semelhantes ou não ao investimento-desejo, para, através de um rastreamento dessas representações, encontrar alguma que coincida com a desejada. Esta é a característica do pensar reprodutor.

O mecanismo da atenção psíquica deve estar sempre voltado para os signos de qualidade, pois são eles que vão servir de indicação para a distinção entre a representação-percepção e a representação-lembrança (ou representação-fantasia, como a denomina Freud).

21. O processo de pensar e a linguagem.

Freud retoma, sob a rubrica "associação da fala" (*Sprachassoziation*),[132] o ponto de vista exposto no texto

[132] *AE*, p.413; *ESB*, p.379; *AdA*, p.364.

sobre as afasias, de 1891, quanto à importância e o papel desempenhado pela linguagem nos processos anímicos, sendo que agora, no texto de 1895, este papel ganha relevo na distinção entre os processos inconscientes e os processos conscientes.

Ao apresentar, no texto sobre as afasias, o aparelho da linguagem, Freud o descreve como uma trama de tecido cortical no interior do qual se dão representações e associações, representações-palavra (*Wortvorstellungen*) que incluem, além da imagem da escrita e da leitura, a imagem acústica da palavra e a imagem motora a ela associada. "Para a psicologia", escreve ele, "a unidade da função de linguagem é a *palavra*, uma complexa *representação* que se apresenta composta de elementos acústicos, visuais e cinestésicos" (a imagem acústica, a imagem visual de letras, a imagem motora da linguagem e a imagem motora da escritura).[133] Mas a representação-palavra não é um processo isolado, ela se articula à *representação-objeto* (*Objektvorstellung*), sendo que é dessa articulação que ela retira seu significado.[134] Tal como a *representação-palavra*, a *representação-objeto* é também um complexo associativo envolvendo representações visuais, acústicas, táteis, cinestésicas e outras.

No *Projeto*, o tema é retomado a propósito da *Sprachassoziation*, da associação da fala. Não se trata mais de definir um aparelho, o "aparelho da linguagem", mas de definir, no interior do aparelho psíquico, o papel da linguagem e sua articulação com o processo de pensamento.

133 Freud, S., *Contribution à la conception des aphasies*, Paris, PUF, 1987, p. 105.
134 Freud, S., op. cit., p.70.

No item anterior, foi descrito o mecanismo da atenção psíquica, mecanismo que possibilita através do signo de qualidade a distinção entre a representação-percepção e a representação-lembrança. A atenção psíquica é um mecanismo ψ que estabelece um estado de expectativa voltado para aquelas percepções que coincidem apenas parcialmente ou simplesmente que não coincidem com os investimentos-desejo. Este mecanismo é de extrema importância porque é ele que vai possibilitar que encontremos, dentre as múltiplas percepções que ocorrem, aquela que é desejada. Para isto concorre o signo de qualidade.

Já vimos que os signos de qualidade são, em última instância, indicações de descarga motora (que por sua ligação com a percepção passam a ser não somente signo de qualidade mas também signo de realidade). Freud pergunta se apenas a percepção e a descarga a ela relacionada são capazes de fornecer signos de qualidade, ou se há algum outro tipo de descarga, não ligada à percepção, mas que também seja capaz de funcionar como indicadora de qualidade. E a resposta é afirmativa: trata-se dos signos de descarga lingüística (*Sprachabfuhrzeichen*).[135]

O sistema ψ não tem acesso direto à realidade externa, no entanto, guarda a memória de toda influência externa através dos diferenciais de facilitação/dificultação, isto é, através da trama das *Bahnungen* no interior do sistema. Já vimos, acima, a importância do mecanismo de atenção quanto ao rastreamento, nessa trama, das representações que con-

135 *AE*, **1**, p.414; *ESB*, **1**, p.380; *AdA*, p.365.

duzirão à identidade perceptiva, permitindo a descarga. Os *signos de descarga lingüística* são mais um instrumento, além dos signos de qualidade fornecidos por ω, para que possa se dar a ação específica sem risco de frustração. A inervação da fala é um caminho de descarga para ψ, importante na regulação do equilíbrio de Qη. É ela que conduz à alteração interna (o choro, por exemplo), única forma de descarga enquanto não se descobre o caminho para a ação específica. Embora a alteração interna seja, no caso do bebê, uma resposta inadequada, já que não conduz ao alimento (no caso da fome), ela tem a função secundária de atrair a atenção do próximo para o estado de anseio da criança. Enquanto forma de comunicação, o choro inclui-se, desta maneira, entre as formas de ação específica.[136]

22. *O pensar discernidor.*

Já foi visto que a Q dos objetos externos não se expressa em ψ através de Qη psíquica, isto é, não há uma relação direta entre a intensidade do estímulo externo e a intensidade do efeito psíquico. A Q externa se expressa em ψ por complexão. É graças a este mecanismo que as Q externas intensas são mantidas afastadas de ψ. Mas o sistema ψ está também em contato com as Q endógenas, e contra estas não há a mesma proteção do aparato de pára-excitações presente em φ. Resulta daí que um estímulo endógeno pode inves-

[136] Ibid.

tir uma representação em ψ com uma intensidade igual à resultante do objeto externo, o que torna impossível a ψ distinguir a imagem-lembrança do objeto da imagem-percepção do objeto, pois o sistema ψ não tem acesso à realidade externa. A distinção entre as duas imagens será possível apenas através dos signos de qualidade enviados pelo sistema ω, este sim, responsável pela percepção-consciência. Como os signos de qualidade normalmente são provenientes da percepção, o sistema ψ pode, com o auxílio do mecanismo da atenção, operar a distinção entre a imagem-percepção e a imagem-lembrança. Essa distinção se faz pela associação que o mecanismo da atenção psíquica estabelece entre o signo de qualidade e a imagem-percepção (e não a imagem-lembrança). Além dos signos de qualidade provenientes do sistema ω, existem também os "signos de descarga lingüística" (*Sprachabfuhrzeichen*) decorrentes da associação da fala (*Sprachassoziation*), os quais também funcionam como indicadores para o *pensar discernidor* (ou pensar observador).

No sistema ψ, formam-se associações entre os neurônios que servem à representação-objeto e os neurônios que servem à representação-palavra. Essas associações se estabelecem primeiramente entre os neurônios ψ e os neurônios correspondentes à imagem acústica da palavra, a qual, por sua vez, está intimamente associada à imagem motora da palavra. O conjunto dos neurônios que formam a representação-palavra (incluindo a imagem acústica, a imagem motora, etc.) constitui-se como um complexo fechado, de modo que a excitação, tendo alcançado a imagem acústica, passa facilmente desta última para a imagem-palavra e para a descarga.

Se no interior do sistema ψ se estabelece uma associação entre as imagens sonoras (não necessariamente lingüísticas) com a imagem acústica da palavra e desta com a imagem motora, produz-se um *signo de descarga lingüística*. Como os signos de qualidade nada mais são do que informações de descarga, os signos de descarga lingüística funcionam também como signos de qualidade (ou de realidade).

Há, contudo, uma diferença entre os signos de qualidade enviados de ω para ψ, e esses signos de qualidade decorrentes da descarga da linguagem. Enquanto os primeiros são signos da realidade externa, os segundos são signos de realidade do pensar, isto é, signos da realidade psíquica. Disto não resulta, porém, uma superioridade indiscutível dos primeiros sobre os segundos. Os signos de qualidade enviados pelo sistema ω são *signos*, portanto, dotados da ambigüidade inerente a qualquer signo que não seja natural. Um sistema que funcione não em contato direto com a realidade externa mas que é guiado por signos de realidade, está tão sujeito ao falseamento dessa realidade externa e sua possível confusão com a realidade interna (psíquica) como qualquer outro. A questão não está no sistema ψ operar ou não com signos de realidade, mas em quais signos atendem melhor às exigências do aparelho psíquico.

O pensar discernidor é um pensar explorador, desinteressado, sem finalidade prática. Seu objetivo é, a partir de um investimento-percepção, explorar as possibilidades associativas que dele decorrem. Não se trata de um pensar prático com fins adaptativos, mas um processo investigador. Nele, o mecanismo da atenção psíquica está voltado para os signos de descarga do pensar que são signos de linguagem. Diferentemente do processo de expectativa, no qual a atenção está voltada para os investimentos-desejo, no pensar discernidor o eu tem o mecanismo da atenção voltado para as percepções, sobre as quais vai incidir seu investimento.

O processo se dá da seguinte forma. Um neurônio de percepção é hiperinvestido.[137] A Q proveniente da realidade externa (assim como a Qη psíquica) segue os caminhos facilitados investindo novos neurônios. Esse processo associativo faz com que sejam investidos neurônios cada vez mais distantes daquele correspondente à percepção inicial, de tal modo que ao final do processo serão investidas várias imagens mnêmicas que ficarão associadas à imagem-percepção que deu início ao processo. Se uma dessas imagens mnêmicas for, por sua vez, investida pela atenção ψ, repete-se o processo e novos caminhos associativos serão percorridos pela excitação, resultando no investimento de uma nova imagem mnêmica. Se nesse percurso da Qη forem despertados, em decorrência do processo associativo, signos de qualidade lingüísticos (signos de alteração interna), o percurso associativo torna-se consciente; caso não se produzam signos de qualidade, a associação se faz automaticamente, seguindo os investimentos do eu em ψ. Este é, segundo Freud, o pensar comum (não anormal) ou o pensar inconsciente.

O pensar discernidor (inconsciente) não pode, contudo, prescindir dos signos de qualidade, pois são eles que garantem a integridade do processo associa-

[137] Freud explica o processo com um único neurônio e não com complexos de neurônios para simplificar a exposição.

tivo. Na verdade, o eu dificilmente poderia se colocar na situação de mero "investigador" (*Forschens*). Em seu trabalho de exploração ou investigação, ele se defronta também com investimentos-desejo que influenciam o curso associativo, interferindo no processo exploratório e produzindo como resultado uma informação falsa das percepções. O eu tem, portanto, que evitar esses desvios decorrentes do investimento-desejo, e isto somente é possível se ele dirigir o mecanismo da atenção para os signos de descarga lingüística que são signos de realidade do pensar e não signos da realidade externa. "O pensar acompanhado do investimento dos signos de realidade objetiva do pensar, ou signos de linguagem, é então a forma mais elevada e segura do processo de pensar discernidor."[138]

23. *O pensar prático.*

O pensar prático é uma outra modalidade do pensar, que se distingue da anterior por não ser uma investigação desinteressada, mas por ter um fim prático, intencional.

No pensar prático, o ponto de partida é um investimento-desejo que é retido, enquanto que simultaneamente o mecanismo da atenção psíquica é voltado para um investimento-percepção. Strachey pretende ver, nesta modalidade de pensar descrita por Freud, um parentesco com o modo de proceder da associação

[138] *AE*, **1**, p.422; *ESB*, **1**, p.388; *AdA*, p.372.

livre, na qual, por exemplo, um elemento onírico é retido como ponto de partida, enquanto outra parte do psiquismo se lança num fluxo de associações.[139]

Aqui, o objetivo visado não é a exploração desinteressada, mas a *identidade*.[140] Um exemplo do pensar prático é o estado de expectativa, embora ele possa se dar de antemão, sem esperar pelo estado de expectativa.[141] Eis o mecanismo pelo qual opera. Um estado de tensão interno ao eu tem como conseqüência o investimento do objeto desejado. Se essa representação (V)[142] for investida intensamente, ela pode ser confundida com uma percepção, o que daria lugar a uma descarga motora com o conseqüente desapontamento já que o objeto externo estará ausente. Já vimos que a inibição da descarga, por parte do eu, ocorrerá na medida em que ele receba signos de qualidade informando sobre o caráter de realidade ou não da representação. Se o eu inibe a descarga (porque se trata de uma representação-desejo e não de uma percepção), permanece o estado de tensão no eu. A tensão no eu cria um estado de expectativa, a atenção psíquica, voltado para as percepções que coincidam totalmente ou parcialmente com o investimento-desejo (isto é, com a representação-desejo). Admitamos, agora, juntamente com esse estado de tensão no eu, uma

139 *AE*, **1**, p.424n; *ESB*, **1**, p.390n.

140 É importante assinalar que a *identidade* buscada no pensar, seja ele observador, prático ou teórico, é uma *identidade de pensamento* e não uma *identidade perceptiva*. A distinção entre essas duas formas de identidade será abordada mais extensamente por Freud em *A interpretação de sonhos*, capítulo 7, item E: "O processo primário e o processo secundário".

141 *AE*, **1**, p.432; *ESB*, **1**, p.396; *AdA*, p.380.

142 *Vorstellung*.

percepção (**W**)[143] semelhante (e não totalmente igual) à representação-desejo. Neste caso, a percepção encontrará os neurônios pré-investidos pelo desejo, sobretudo aqueles neurônios nos quais se dá a coincidência entre a percepção (**W**) e a representação (**V**). Se **V** e **W** fossem iguais, ocorreria a descarga; como não são exatamente iguais, a diferença entre ambas dá origem ao processo de pensar, que chegará ao seu fim quando for descoberto o caminho (*Bahnung*) pelo qual os investimentos-percepção forem convertidos em investimentos-representação, isto é, quando for alcançada a *identidade.*

Freud assinala que o caminho que conduz à identidade não é necessariamente o mais facilitado, mas aquele que será constituído pelos investimentos colaterais. Resumidamente, seria o seguinte:[144] **V** é a representação-desejo, e **W** a percepção a ser perseguida. A atenção psíquica voltada para **W** deveria fazer com que a Q proveniente do sistema φ, fluísse de **W** para o neurônio **a**, mais facilitado, e de **a** para os neurônios **b**, **c** e **d**, em ordem de facilitação. No entanto, se o neurônio **d** estiver próximo de **V**, pode acontecer de o caminho da Q ser não em direção a **b** ou **c**, mas em direção a **d**, e do neurônio **d** para **V**, por investimento colateral. Dada a proximidade entre **d** e **V**, forma-se uma ligação **d-V**, e o caminho final passa a ser **W-a-d-V**, caminho buscado como sendo o da identidade **W-V**. Um investimento colateral pode, dessa forma, alterar a tendência de Qη a seguir os caminhos de melhor facilitação.

143 *Wahrnehmung.*
144 *AE*, **1**, p.425; *ESB*, **1**, p.390; *AdA*, p.374.

Freud admite que nesse processo do pensar prático, tenha lugar não apenas um decurso da Qη de **W** a **V**, mas também um fluir de Qη a partir de **V**. A diferença estaria em que o caminho a partir de **V** é conhecido e fixo, enquanto o caminho que parte de **W**, passando por **a**, precisa ser descoberto. No decorrer do processo, foram inervadas (por ligação) imagens-motoras, sem que no entanto tenha ocorrido a descarga (precisamente porque estas imagens-motoras foram investidas por ligação e não por facilitação). Desta forma, o processo do pensar chegou à identidade, sem sofrer nenhuma modificação decorrente da atenção ou da realidade objetiva. Ele partiu de uma representação e, mesmo depois de consumado não levou à ação, mas produziu um *saber prático* que poderá ser utilizado quando se apresentar a situação real-objetiva.[145]

24. *O pensar reprodutor ou rememorativo.*

O pensar reprodutor ou rememorativo pode ser concebido como um caso particular ou um desdobramento do pensar prático. Neste último, uma imagem-percepção foi perseguida como imagem mnêmica, sendo que neste processo o papel desempenhado pelos signos de qualidade é reduzido. Tanto quanto o pensar prático, o pensar reprodutor ou rememorativo é condição prévia do pensar crítico.

O pensar reprodutor tem também uma finalidade prática que, enquanto tal, é semelhante à do pensar

[145] *AE*, **1**, p.427; *ESB*, **1**, p.392; *AdA*, p.376.

prático propriamente dito: trata-se de alcançar a identidade. Volto a lembrar, aqui, que a identidade buscada no processo de pensar, é uma *identidade de pensamento* e não uma *identidade perceptiva* (característica do processo primário). Enquanto nesta última trata-se de uma identidade com a vivência de satisfação e a conseqüente descarga, no pensar em geral trata-se de um rodeio, um caminho indireto, da lembrança de satisfação ao investimento idêntico dessa mesma lembrança. "O pensar tem que interessar-se então pelos caminhos que conectam entre si as representações, sem se deixar extraviar pelas intensidades destas."[146] O pensar, enquanto tal, implica uma suspensão da ação motora, o que não quer dizer que ele não possa ser uma preparação para a ação.

O pensar reprodutor segue o caminho inverso do pensar prático, na medida em que seu objetivo é retroceder até uma percepção (ao invés de partir da percepção), e, à diferença do pensar prático, ele não tem um objetivo determinado (o que o aproxima do pensar discernidor), além de recorrer amplamente aos signos de qualidade.

Nesse caminho recorrente, o pensar reprodutor se depara com vínculos intermediários até então inconscientes e que não haviam deixado signos de qualidade, embora estes surjam posteriormente. Freud vê, neste fato, um indicativo de que o pensar, independentemente dos signos de qualidade, deixou suas marcas, vestígios do pensar e não signos de qualidade. A reprodutibilidade dos processos de pensar não

[146] *AE*, **5**, p.591; *ESB*, **5**, p.640; *GW*, **2/3**, p.607.

depende, pois, dos signos de qualidade, mas das marcas que ele deixa, marcas estas que são mais fortes quando se referem ao resultado do processo de pensar do que quando se referem às suas etapas intermediárias.[147]

25. *Os sonhos.*

Dentre os processos primários em ψ, Freud concede particular importância àqueles que ocorrem durante o dormir, quando há uma diminuição das necessidades orgânicas e uma enorme redução dos estímulos externos a ponto de tornar supérflua a função secundária do eu. O sonho é o exemplo privilegiado de processo primário, sobretudo quando se leva em conta a afirmação de Freud, no *Projeto*, segundo a qual "os mecanismos patológicos revelados pela análise nas psiconeuroses guardam a máxima semelhança com os processos oníricos".[148]

A precondição essencial do sono é a redução da carga de excitação endógena em ψ. A criança dorme quando não está atormentada por nenhuma necessidade ou por algum estímulo externo. Assim como ela adormece depois da mamada, o adulto também adormece *post coenam et coitum* (depois da refeição e da cópula). "A condição do dormir, então, é a *diminuição da carga endógena no núcleo* ψ"[149] a ponto de tornar desnecessária a intervenção da função secundária.

[147] *AE*, **1**, p.428; *ESB*, **1**, p.393; *AdA*, p.377.
[148] *AE*, **1**, p.381; *ESB*, **1**, p.352; *AdA*, p.341.
[149] Ibid.

Durante o dormir, o indivíduo se encontra o mais próximo possível do estado ideal de inércia, sendo aliviado de grande parte de sua reserva de Qη. Como o eu é o portador desse reservatório (que é requerido pela função secundária), é de se supor que o que torna possível o dormir é a *descarga do eu*, dando lugar ao predomínio dos processos psíquicos primários.[150] Durante o sono, o eu não se vê livre de toda Qη armazenada, não há um esvaziamento total da provisão (*Vorrat*), mas sim um encolhimento do eu através do recolhimento de grande parte de seus investimentos, os quais serão restabelecidos com o despertar. "Se a descarga do eu fosse completa, dormiríamos sem sonhos."[151]

O que ocorre durante o dormir e o sonhar é um recolhimento dos *investimentos* do eu e não, evidentemente, um desaparecimento dos traços mnêmicos ou das *Vorstellungen*. Aquilo que constitui a memória em ψ não é perdido, nem no dormir, nem em nenhum outro processo psíquico normal. Assim como durante a vigília o eu pode dirigir seu mecanismo de atenção para determinadas representações, o que significa investir essas representações, durante o dormir e no sonho, o eu recolhe esses investimentos, já que o mecanismo da atenção torna-se desnecessário. Com a supressão do investimento por parte do eu e do mecanismo da atenção, a excitação proveniente de fonte endógena, ao invés de percorrer o caminho da descarga motora (que está barrado), fica livre para o que Freud chama de compulsão a associar (*Assoziations-*

150 *AE*, **1**, p.382; *ESB*, **1**, p.353; *AdA*, p.342.
151 *AE*, **1**, p.384; *ESB*, **1**, p.355; *AdA*, p.344.

zwang). Assim, se durante o estado de sono o investimento de ψ a partir de φ é extremamente reduzido (dada a redução dos estímulos externos), o que reduz a função do eu, há porém uma exuberância dos processos primários em ψ, cuja expressão é o sonho.

Freud apresenta no *Projeto* seis características que distinguem o processo onírico:

1) Os sonhos são desprovidos de descarga motora; nele, estamos como que paralisados. Essa primeira característica decorre da ausência de pré-investimento espinal pela cessação de descarga de φ, e não é considerada por Freud como uma característica essencial do sonho.

2) As conexões oníricas nos aparecem como absurdas, contraditórias ou estranhamente loucas. Essas características são explicadas por Freud como decorrentes da compulsão a associar (*Assoziationszwang*) e à falta de investimento do eu em ψ *pallium* que é o responsável pela inibição dos processos primários. Esta idéia (da *Assoziationszwang*) aparece pela primeira vez nos *Estudos sobre a histeria*[152] a propósito da aparente falta de sentido ou do caráter contraditório dos sonhos, e ressurge no *Projeto* para expressar o fato de que no sonho os investimentos presentes entram todos em conexão, simultaneamente, dando como resultado o caráter confuso do sonho manifesto.

3) As representações oníricas são de caráter alucinatório. Por caráter alucinatório devemos entender

[152] *AE*, **2**, p.88n; *ESB*, **2**, p.96n.

aqui o fato de que as representações oníricas despertam a consciência (com qualidade de percepção) e são acompanhadas de crença. Freud concede grande importância à alucinação do desejo onírico, sendo que posteriormente vai articular o caráter alucinatório do sonho com o conceito de regressão.[153] O que Freud nos apresenta no *Projeto* é já um esboço da noção de *regressão*, esboço este que será substancialmente modificado a partir de *A interpretação de sonhos*. No *Projeto*, ele explica o caráter alucinatório dos sonhos pela inversão de sentido da corrente de investimento: ao invés de ela se fazer de φ para ψ no sonho, ela vai de ψ para φ, dando lugar à qualidade. Uma outra explicação dada (que não modifica essencialmente a anterior) é a de que a lembrança primária de uma percepção é sempre uma alucinação, e que na ausência da inibição por parte do eu, nada impede que o investimento se transfira retroativamente para φ.

4) Os sonhos são realizações de desejos (*Wunscherfüllungen*). Esta é a afirmação que vai marcar definitivamente a teoria dos sonhos proposta por Freud. Embora ele faça uma brevíssima observação sobre um sonho de conveniência numa carta datada de 4 de março de 1895, foi a análise do sonho da injeção de Irma,[154] sonhado por ele próprio na noite de 23/24 de julho de 1895, que lhe forneceu a chave da decifração dos sonhos. Quando Freud redige a parte do *Projeto* dedicada aos sonhos, haviam se passado apenas dois

153 Cf. "Complemento metapsicológico à doutrina dos sonhos"; *AE*, **14**, p.228; *ESB*, **14**, p.261; *GW*, **10**, p.420.

154 A descrição detalhada das circunstâncias que cercam esse sonho inaugural é feita no capítulo 6 de *A interpretação de sonhos*.

meses desde a data em que ele sonhara aquele que passou a ser considerado como o sonho paradigmático ou o sonho inaugural da psicanálise. Afirmar que os sonhos são realizações de desejos corresponde a dizer que eles são processos primários que seguem as vivências de satisfação. O não-reconhecimento imediato do caráter de serem realizações de desejos decorre do fato de que nos sonhos a liberação de prazer (ou descargas de prazer) é neles pequena.

5) Os sonhos seguem, na maioria das vezes, antigas facilitações (*Bahnungen*). Esta é a razão aduzida por Freud para justificar a pouca lembrança que se tem dos sonhos. Por seguirem antigas *Bahnungen*, eles não produzem nenhuma alteração, além de não deixarem vestígios de descarga, devido à paralisia da motilidade.

6) No sonho, a consciência fornece qualidade com a mesma facilidade que na vigília. Do que Freud retira duas observações que ele considera preciosas: a primeira é de que a consciência não é inerente ao eu, podendo ligar-se a qualquer processo ψ; a segunda é de que os processos primários não se identificam com os processos inconscientes.

A consciência que se tem do sonho não nos apresenta um decurso associativo íntegro, mas elementos descontínuos entre os quais encontram-se vínculos que permanecem inconscientes. O mesmo se dá com os desejos motivadores do sonho; o que é alucinado, e portanto tornado consciente, não é o desejo ele próprio, mas sua realização. A consciência do sonho não é despertada pela intensidade da corrente de $Q\eta$ e tampouco é despertada por um investimento constante, mas tudo indica que ela é gerada durante a passagem de uma $Q\eta$.[155]

26. *Proton pseudos.*

Na primeira e na terceira partes do *Projeto,* Freud procede dogmaticamente, isto é, por um procedimento hipotético dedutivo. Na segunda parte, ele interrompe provisoriamente a elaboração metapsicológica, em favor de uma análise dos processos patológicos através do referencial clínico. Uma outra característica desta segunda parte, e que a torna relativamente independente das outras duas, é a importância concedida à sexualidade, tema ausente nas partes I e II. Mas sem dúvida o item mais importante é aquele em que o sintoma histérico é caracterizado como *proton pseudos.*

Traduzido à letra, *proton pseudos* quer dizer "primeira coisa falsa". O termo era empregado usualmente, na Grécia, para designar um erro primeiro, a partir do qual decorriam conclusões que eram falsas. Num sentido mais técnico, *proton pseudos* é empregado por Aristóteles em sua *Lógica* (*Primeiros Analíticos*), para designar a premissa falsa que faz com que num silogismo a conclusão seja necessariamente falsa. *Proton pseudos* é, portanto, o ponto de partida falso que faz com que a conclusão de um raciocínio seja falsa apesar

155 Como os sonhos vão ser o tema central do próximo volume, adiarei a análise mais detalhada desse processo ψ, mesmo naquilo que diz respeito à abordagem feita por Freud no *Projeto.*

do raciocínio estar correto. Freud emprega o termo para qualificar o sintoma histérico.

O texto sobre a psicopatologia da histeria começa com a afirmação de que "as histéricas estão submetidas a uma *compulsão* que é exercida por representações hiperintensas [*überstarken Vorstellungen*]" de tal modo que "na consciência emerge com particular freqüência uma representação sem que o decurso o justifique".[156]

O que faz seu reaparecimento aqui é a idéia já contida no artigo "Histeria", de 1888, à qual fiz referência na parte dedicada às afasias, mas que vale a pena reproduzir: "A evolução dos distúrbios histéricos muitas vezes exige uma espécie de incubação, ou melhor, um período de latência, durante o qual a causa desencadeante continua atuando *no inconsciente*."[157] Na citação anterior, eu já havia chamado a atenção para o emprego substantivo do termo "o inconsciente" (*das Unbewusst*), mas é sobretudo importante a idéia de um lugar (o inconsciente) no qual há a incubação de uma causa desencadeante. É precisamente essa idéia que é retomada na parte II do *Projeto*, quando Freud afirma uma "compulsão" que provoca a "emergência" de "representações hiperintensas" na consciência sem que haja uma justificativa aparente para tal emergência. Se não temos ainda aqui um inconsciente concebido como um sistema psíquico, temos pelo menos um domínio do inconsciente capaz de operar como causa para efeitos na consciência. A idéia de causalidade psíquica já está presente.

[156] Freud, *AE*, **1**, p.394; *ESB*, **1**, p.363; *AdA*, p.348.
[157] Freud, *AE*, **1**, p.58; *ESB*, **1**, p.78 (o grifo é meu).

É surpreendente que Freud veja essas representações hiperintensas como "intrusas", "usurpadoras" e "ridículas", isto é, como algo que se impõe, que atropela o curso normal do pensamento produzindo o que já vimos como sendo um efeito de sujeito.

Segundo Freud, o resultado da análise dos casos de compulsão histérica revela o seguinte: **A** é a representação que irrompe na consciência e que provoca reações emocionais intensas para as quais a pessoa não encontra explicação plausível. A análise revela uma representação **B** que é o verdadeiro motivo da reação emocional intensa e que se repete se o sujeito não exerce contra ela uma determinada operação psíquica. **B** mantém uma determinada relação com **A**, que é a seguinte: houve uma vivência que consistiu em **B** + **A**. Enquanto **B** era apropriada para produzir um efeito duradouro, **A** era uma circunstância colateral. Com a reprodução do evento na memória, **A** tomou o lugar de **B**, tornando-se seu substituto, um *símbolo* de **B**. Daí o caráter incongruente de **A**.[158] Freud conclui resumindo: **A** é compulsiva e **B** está recalcada (*verdrängt*) da consciência.[159]

A conclusão acima permite a Freud uma afirmação de caráter geral, segundo a qual a toda compulsão corresponde um recalcamento (*Verdrängung*), e a cada emergência na consciência corresponde uma amnésia. O recalcamento incide sempre sobre representações que são penosas para o eu, e o conteúdo destas repre-

158 Freud, *AE*, **1**, p.396; *ESB*, **1**, pp.364-5; *AdA*, pp.349-50 (Freud emprega o termo *símbolo* num sentido que permite uma aproximação com a noção de *deslocamento* desenvolvida em *A interpretação de sonhos*).
159 Freud, *AE*, **1**, p.397; *ESB*, **1**, p.366; *AdA*, p.350.

sentações são sempre de natureza sexual.[160] Portanto, **B** é uma representação cujo conteúdo é de natureza sexual, fortemente investida de Qη e que desperta no eu um afeto penoso (de desprazer); **A** é uma representação neutra, cujo conteúdo não tem nenhuma relação aparente com o sexual e que por si mesma não seria investida. Por uma circunstância fortuita, **A** foi associada a **B**, constituindo um complexo **A** + **B**, de modo que a intensidade de **B** foi deslocada para **A**. Assim, quando ocorre uma circunstância exterior (ou uma associação) que deveria provocar o investimento de **B**, o que surge na consciência, em lugar de **B** é **A**, o que nos permite, a partir dos fatores desencadeantes de **A**, inferir a natureza de **B**.

O recalcamento ou exclusão de **B** da consciência resulta de um processo defensivo originário do eu investido.[161] O que aciona o recalcamento é, pois, um afeto desprazeroso. Já vimos que, ao contrário do que ocorre no estado de desejo, a vivência de dor provoca uma repulsão a que se mantenha a imagem mnêmica do objeto desprazeroso investida. O recalcamento, tal como Freud o entende aqui, é esse esforço para desalojar da consciência essa imagem-recordação hostil. Mas tanto quanto a exclusão da representação **B** da consciência, Freud nos fala de sua exclusão do *processo de pensar*. A representação **B** corresponde não ao investimento de um único neurônio, mas de um complexo de neurônios. Assim, a resistência à atividade de pensar relativa a **B** (que é forte e difícil de ser ultrapassada) atinge qualquer outro pensamento que

160 Ibid.
161 Freud, *AE*, **1**, p.398; *ESB*, **1**, p.367; *AdA*, p.352.

tenha relação com **B**. Mesmo que **B** tenha se tornado parcialmente consciente, outras representações ligadas a ela serão atingidas pelo mecanismo defensivo oriundo do eu. A defesa do eu é um processo secundário contra o processo primário de deslocamento da Qη.

Normalmente temos êxito em evitar que o processo de pensar incida com freqüência sobre representações que provocam desprazer, e fazemos isto desviando o pensamento para outras representações. Não podemos evitar, porém, que **B** aflore à consciência. Em primeiro, porque o recalcamento não elimina **B**, apenas a mantém fora da consciência e do pensamento (como qualquer outra imagem mnêmica, **B** não se extingue); em segundo lugar, pelo grande número de associações de **B**, o que torna praticamente impossível evitar que uma representação nova possa reativar sua lembrança.

E este é o núcleo da tese de Freud sobre o caráter traumático das reminiscências histéricas: são recalcadas as representações-lembrança que se tornaram traumáticas por ação retardada (*nachträglich*). Um determinado fato não é traumático no momento em que ocorre mas apenas depois de transformado em lembrança e associado a um outro que lhe confere o sentido traumático. É o que expressa a frase contida na *Comunicação preliminar*: "Os histéricos sofrem principalmente de reminiscências."[162] O episódio de Emma, narrado por Freud sob a rubrica de *proton pseudos*, é exemplar.

162 Freud, *AE*, **2**, p.33; *ESB*, **2**, p.48; *GW*, **1**, p.86.

Emma é uma mulher adulta que não consegue entrar sozinha nas lojas. O motivo alegado por ela é a lembrança de um acontecimento de quando ela tinha doze anos. Ela havia entrado numa loja e ao ver que dois vendedores riam dela, saiu correndo em pânico. Pensou posteriormente que eles estavam rindo de suas roupas, pensou também que um deles a havia agradado sexualmente. Esta é a cena I. De fato, nada nela justifica a atual impossibilidade de Emma entrar sozinha numa loja. Adulta, ela já não usa mais roupas infantis. Quanto a ter-se sentido atraída por um dos vendedores, não faria diferença estar ou não sozinha.

Durante a análise com Freud, surge uma outra lembrança, mais antiga ainda do que a da cena I, que não ocorreu a Emma enquanto estava na loja. A cena II aconteceu quando Emma tinha oito anos de idade. Ela esteve por duas vezes numa confeitaria para comprar doces, sendo que na primeira vez o proprietário agarrou-lhe as partes genitais por cima da roupa. Apesar do ocorrido, Emma voltou à confeitaria mais uma vez, numa demonstração de que o fato não a havia abalado. Na análise conduzida por Freud ela atribui ao fato de ter voltado seu atual sentimento de consciência pesada e opressiva.

É a segunda cena que confere à primeira seu valor traumático. A cena I (vendedores) articula-se com a cena II (confeitaria) em pelo menos dois pontos: o elemento "roupas" (motivo de riso na primeira e o ter sido apalpada por cima das roupas na segunda) e o "riso" (o dos vendedores na primeira cena e o do proprietário da confeitaria durante sua investida, na segunda cena). O que provocou a excitação sexual, com a conseqüente liberação de angústia, não foi a cena da confeitaria, *mas sua lembrança*. Foi essa lembrança, ou melhor, a angústia decorrente da representação-lembrança (inconsciente durante a cena da loja) que fez com que ela se sentisse ameaçada pelos vendedores e saísse correndo da loja. O esquema que Freud nos oferece sobre a articulação das duas cenas é surpreendente:[163]

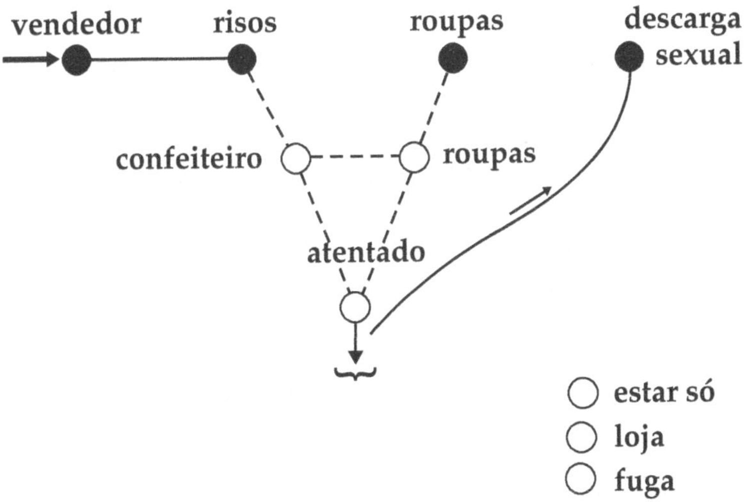

Os pontos mais escuros correspondem às representações lembradas conscientemente, enquanto os pontos mais claros correspondem às representações recalcadas. É comum, afirma Freud, que uma associação passe por vínculos intermediários inconscientes antes de chegar a um que seja consciente. No caso presente, em função do deslocamento operado, o ele-

[163] Freud, *AE*, **1**, p.402; *ESB*, **1**, p.370; *AdA*, p.355.

mento que penetra na consciência não é aquele que deveria despertar interesse, mas um outro, não significativo (roupas), que funciona como símbolo do primeiro. Esse elemento recalcado é invariavelmente de natureza sexual, e a ausência de efeitos traumáticos por ocasião da cena primeira (confeitaria) deve-se ao fato de que nessa época seu conteúdo sexual não era apreensível pelo sujeito.[164] É somente com a entrada na puberdade que a lembrança adquire, por ação retardada (*nachträglich*), seu sentido traumático.

Caberia ao eu, através do mecanismo da atenção, impedir a liberação do desprazer decorrente da representação. No entanto, a representação de que se trata aqui não é uma representação-percepção, mas uma representação-lembrança, e o eu tem sua atenção voltada para as percepções; ele não consegue identificar a tempo o caráter ameaçador da representação-lembrança, possibilitando desta forma a emergência de um processo primário com a conseqüente liberação de desprazer. Este é o sentido de a *proton pseudos* tomar como premissa verdadeira a cena I (vendedores) quando ela apenas esconde uma verdade inconsciente (a cena II) cujo sentido é constituído por ação retardada.

Independentemente da importância que a teoria do trauma possa ter tido no decorrer da obra de Freud, sobretudo pelo confronto com a descoberta da sexualidade infantil e pela importância atribuída à fantasia, o fato é que o esquema reproduzido acima apresenta aspectos notáveis. Um destes aspectos foi salientado

164 Quando Freud escreveu o *Projeto*, ele ainda não havia elaborado sua teoria sobre a sexualidade infantil.

pela análise empreendida por Serge André.[165] O esquema, em sua parte inferior, converge para a cena do atentado da qual parte uma seta em cuja extremidade não consta nada, nenhuma representação. Deste lugar vazio, parte outra seta que vai incidir sobre a descarga sexual, ponto que a repetição faz aparecer retroativamente. Essa excitação sexual, que não pôde aparecer da primeira vez, está lá "só depois", tornada real pela repetição significante inconsciente. É o recalque, pela repetição e pelo retorno do recalcado, que produz o sexual. "O recalque, em suma, tem por função fazer do real uma realidade sexual."[166]

A *proton pseudos* é, pois, essa representação enganadora, essa premissa falsa, como diria Aristóteles, mas que se constitui ela mesma como uma alusão a uma verdade. Não é ela o primeiro termo do silogismo, o primeiro termo não está presente de forma evidente, não aconteceu verdadeiramente na primeira recordação, mas se tornou acessível só depois (*nachträglich*), por intermédio dessa *Vorstellung* mentirosa.

165 André, S., *O que quer uma mulher?*, Rio, Zahar, 1987, p.79 (Cf. também Lacan, J., *O seminário*, Livro 7, Rio, Zahar, 1988, pp.94-95).
166 Ibid.

3

A carta 52

(6 de dezembro de 1896)[1]

Querido Wilhelm,

(...) Como você sabe, estou trabalhando com a hipótese de que nosso mecanismo psíquico tenha-se formado por um processo de estratificação sucessiva, pois de tempos em tempos o material presente sob a forma de traços mnêmicos experimenta um reordenamento segundo novos nexos, uma retranscrição [Umschrift]. *Assim, o que há de essencialmente novo em minha teoria é a tese de que a memória não preexiste de maneira simples, mas múltipla, está registrada em diversas variedades de signos. Há algum tempo atrás (*Aphasia*) postulei a existência de uma espécie semelhante de reordenamento com respeito às vias que chegam a partir da periferia [do corpo até o córtex cerebral]. Não sei quantas dessas transcrições existem. Pelo menos três, provavelmente mais.*

Ilustrei tudo isso com o esquema abaixo, no qual se supõe que as diversas transcrições estejam separadas também segundo seus portadores neuronais (de uma maneira não necessariamente tópica). (...)

1 Há uma reprodução quase que completa da carta 52 no volume 1 das Edições Standard (*AE*, **1**, pp.274-280; *ESB*, **1**, pp.254-259) e a reprodução integral em *A correspondência completa de Sigmund Freud para Wilhelm Fliess* (1887-1904), Rio, Imago, 1986.

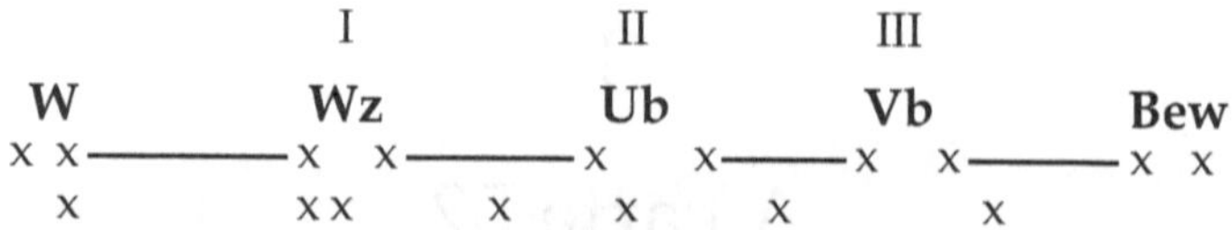

W [Wahrnehmungen (percepções)] *são os neurônios onde se originam as* percepções, *às quais a consciência se liga, mas que, em si mesmas, não retêm nenhum traço do que aconteceu. É que a consciência e a memória se excluem entre si.*

Wz [Wahrnehmungszeichen (signos de percepção)] *é a primeira inscrição* [Niederschrift] *das percepções, totalmente inacessível à consciência e articulada segundo uma associação por simultaneidade.*

Ub [Unbewusstsein (inconsciência)] *é a segunda transcrição, ordenada segundo outros nexos, talvez causais. Os traços Ub talvez correspondam a lembranças de conceitos, igualmente inacessíveis à consciência.*

Vb [Vorbewusstsein (pré-consciência)] *é a terceira retranscrição, ligada às representações-palavra, correspondente ao nosso eu oficial. Os investimentos provenientes de Vb tornam-se conscientes de acordo com certas regras, e esta* consciência-pensar *secundária é posterior* [nachträglich] *na ordem do tempo, provavelmente ligada à ativação alucinatória das representações-palavra, de modo que os neurônios-consciência sejam também neurônios-percepção e desprovidos de memória em si mesmos.*

Se eu pudesse fornecer uma explicação completa das características psicológicas da percepção e das três transcrições, teria descrito uma nova psicologia. Há algum material para isto, mas não é meu propósito fazê-lo agora.(...)[2]

2 *AE*, **1**, p.275; *ESB*, **1**, p.254; *AdA*, p.151.

A carta 52 (aqui reproduzida apenas em parte) pode ser considerada como uma ponte entre o *Projeto de 1895* e *A interpretação de sonhos*. O esquema nela apresentado é extremamente próximo daquele que Freud vai desenvolver no capítulo 7 da *Traumdeutung*.

Freud inicia a carta com uma declaração de que o aparelho psíquico é fundamentalmente um aparelho de memória, que essa memória está sujeita a reordenamentos segundo novas articulações, e que esses reordenamentos constituem uma sucessão de inscrições (*Niederschriften*) e retranscrições. Parte dessa declaração aponta para o texto de 1895 e parte aponta para o texto de 1900.

A grande dificuldade com a qual Freud se defronta na elaboração de um modelo teórico do aparelho psíquico é a de como conciliar, no mesmo aparelho, memória e percepção. Afinal de contas não há memória sem percepção, e se a primeira implica a persistência dos traços, o que significa admitir uma modificação permanente no neurônio, a percepção implica uma superfície permanentemente transparente, receptiva a novos estímulos sem perder sua permeabilidade. Como conciliar, num mesmo aparelho, a impermeabilidade exigida pela memória com a permeabilidade implicada na percepção? A resposta dada pelo *Projeto* apelava para a distinção entre os neurônios φ (permeáveis) e os neurônios ψ (impermeáveis). E a noção de barreiras de contato (*Kontaktschranke*) era fundamental para estabelecer a diferença entre os trilhamentos (*Bahnungen*).

O sucesso de Freud em conciliar memória e percepção não elimina o fato incontestável de que o aparelho psíquico por ele concebido é um aparelho de memória. A memória não é uma propriedade, dentre outras, do aparelho, mas a sua própria essência. Em relação ao aparelho, a percepção permanece numa região fronteiriça, colocada quase que à margem, referida ao sistema φ de neurônios ou ao sistema ω, ambos de certo modo exteriores à economia do aparelho. O aparelho psíquico, propriamente dito, é identificado com o sistema ψ, isto é, com aquilo que se situa entre a percepção e a consciência (ou entre o sistema φ e o sistema ω).

É claro que isto não nos habilita a excluir a percepção e a consciência da explicação do funcionamento do aparelho psíquico. Sem percepção não há memória, e sem consciência ficaríamos privados dos signos de qualidade. Mas a verdade é que o essencial do aparelho psíquico, a trama das *Vorstellungen*, Freud situa entre a percepção e a consciência, ou como diz Lacan, *entre cuir et chair*. É o sistema ψ o responsável não apenas pela memória, mas pelos acontecimentos psíquicos em geral.

A carta 52 introduz um outro elemento que redimensiona a concepção freudiana da memória e do próprio aparelho psíquico: a noção de *Niederschrift* (inscrição). Juntamente com o novo esquema gráfico, Freud recentra sua exposição em torno de noções tais como "signo" (*Zeichen*), "inscrição" (*Niederschrift*), "transcrição" (*Umschrift*), que estão muito mais próximas da linguagem e da escrita do que dos neurônios da formulação anterior. Na carta 52, "*o traço começa a tornar-se escritura*".[3]

[3] Derrida, J., op. cit., p.192.

A noção de traço mnêmico (*Erinnerungsspur*) atravessa o texto do *Projeto*. É através dos traços mnêmicos que os acontecimentos psíquicos ficam gravados de forma permanente na memória, sendo reativados por efeito do investimento. Trata-se de uma noção que conserva fortes ressonâncias empiristas e que muitas vezes foi aproximada da noção de *engrama*. No entanto, entre o *Erinnerungsspur* e o engrama há diferenças consideráveis, sendo que a mais importante é que o engrama, tal como concebido pela tradição empirista, é uma marca que reproduz por semelhança uma característica da realidade, enquanto que o traço mnêmico não constitui uma memória fundada na semelhança, mas fundada nos diferentes arranjos das *Bahnungen*.

Já vimos que o que confere ao neurônio a capacidade de memória é a resistência oferecida pelas barreiras de contato, o que lhe permite o armazenamento de Qη. Assim, o que fica permanentemente alterado no neurônio e que constitui sua memória são as barreiras de contato. Mas se a memória consistisse apenas nessa impermeabilidade, ela seria inútil. Corresponderia a guardarmos informações preciosas dentro de um cofre-forte do qual não dispuséssemos da chave. É o que Freud assinala ao dizer que a impermeabilidade dos neurônios portadores de memória tem que ser parcial (embora permanente), e isto porque há um aprender-sobre (*Ein über Erlernen*) com base na memória, o que implica a possibilidade de condução da Qη. A diferença entre essa condução nos neurônios ψ e a condução nos neurônios φ é que nos primeiros ela é seletiva, isto é, ela se faz preferencialmente numa direção e não em outra. Há pois uma maior ou menor facilitação nas barreiras de contato. Foi o que Freud chamou de *Bahnung*.[4] Mas se todas as barreiras de contato fossem igualmente facilitadas, não haveria predileção quanto ao caminho a seguir. A facilitação com relação ao decurso da excitação não deve ser indiscriminada e igual em todas as direções, mas apresentar graus de resistência distintos além de se distinguir da não-facilitação, isto é, da resistência plena à passagem da excitação. E é nisto que consiste a originalidade da concepção freudiana da memória e que ele expressa com toda a clareza no *Projeto*: "*A memória está constituída pelas diferenças nas facilitações entre os neurônios* ψ."[5]

O traço mnêmico, portanto, não se constitui como um elemento simples que poderia ser reproduzido sem se levar em conta as *Bahnungen*, mas sim como uma diferença entre as *Bahnungen*, diferença esta que expressa a preferência por um caminho em detrimento de outro. A noção de *diferença* é aqui fundamental. Não se trata da diferença entre entidades previamente existentes, mas da diferença como princípio de constituição do psiquismo. A trama das *Bahnungen* é um sistema de diferenças.

Mas no *Projeto*, todo esse conjunto de noções está ainda preso a uma linguagem neurológica, e mais do que isto, a uma concepção do aparelho psíquico concebido como isomórfico ao cérebro. Mesmo que se diga que a neurologia do *Projeto* seja uma neurologia fantástica, e mesmo, ainda, que Lacan afirme que o interesse do *Projeto* não reside na "pobre contribuiçãozinha a uma fisiologia fantasista que ele comporta", o fato é que trata-se de um texto fortemente marcado

4 *AE*, **1**, p.344; *ESB*, **1**, p.320; *AdA*, p.309.
5 *AE*, **1**, p.345; *ESB*, **1**, p.320; *AdA*, p.309.

pela neurologia. O aparelho psíquico concebido por Freud no *Projeto*, com seus neurônios, axônios e sinapses (barreiras de contato), é uma tentativa de representação do cérebro por um modelo isomórfico.[6] Isto não significa que o *Projeto* deva ser desprezado ou que não tenha nenhuma importância para o desenvolvimento dos outros modelos concebidos por Freud. De fato ele contém em germe (e em alguns pontos nem tanto em germe, mas já desenvolvidos) noções fundamentais da teoria desenvolvida posteriormente por ele.

É inegável, porém, a mudança introduzida pela carta 52. Situada a meio caminho entre o *Projeto* e o capítulo 7 de *A interpretação de sonhos*, ela opera a passagem do modelo isomórfico para um modelo abstrato do aparelho psíquico. Mais ainda, nela já temos as indicações da metamorfose operada por Freud em sua noção de traço mnêmico e que Derrida expressa com sua afirmação de que nela (na carta 52) "o traço começa a tornar-se escritura", metamorfose essa que vai se completar nos capítulos 6 e 7 da *Traumdeutung*.

No esquema da carta 52, a *Wahrnehmung* (percepção) corresponde à impressão do mundo exterior. É a pura transparência (o papel celofane do bloco mágico) à qual vai se ligar a consciência, sem que no entanto seja capaz de reter qualquer traço, "a consciência e a memória são mutuamente exclusivas". Essas percepções não correspondem a nenhuma experiência, são o dado bruto desprovido de qualidade.

As *Wahrnehmungen* vão dar lugar a uma primeira inscrição (*Niederschrift*), correspondente aos *Wahrneh-*

6 Cf. Bourguignon, A., *O conceito de renegação em Freud*, Rio, Zahar, 1991, p.123.

mungzeichen, aos signos de percepção. Trata-se do primeiro registro mnêmico, organizado de acordo com a associação por simultaneidade e inteiramente inacessível à consciência. O importante é que a partir de então, o que vai se oferecer como conteúdo do aparelho psíquico são signos (*Zeichen*), signos que serão inscritos (*Niederschriften*) e retranscritos (*Umschriften*), portanto, algo cuja proximidade com a escrita é indicada pelo próprio Freud na escolha dos termos empregados.

O registro seguinte é o da *Unbewusstsein*, da inconsciência, organizado não mais segundo a associação por simultaneidade mas provavelmente segundo a associação por causalidade. Como o próprio nome indica, esse registro é também inacessível à consciência, e segundo Freud, seus traços talvez correspondam a lembranças conceituais.

O terceiro registro do material psíquico é a pré-consciência (*Vb*), ligado à representação-palavra. Dos três registros assinalados por Freud, este é o único capaz de acesso à consciência (segundo certas regras). Essa consciência-pensar se faz por efeito posterior (*nachträglich*) ligado à ativação alucinatória de representações-palavra, o que faz os neurônios-consciência serem também neurônios-percepção.

Os registros são sucessivos, correspondendo a momentos do desenvolvimento individual, sendo que a passagem de um registro para outro se faz através de uma tradução do material psíquico. Essa "tradução" equivale aos reordenamentos ou às retranscrições (*Umschriften*) aos quais Freud se refere no início da carta. O material psíquico, que estava ordenado segundo certos nexos, passa a ser ordenado segundo novos nexos. Cada transcrição inibe a anterior e desvia seu processo excitatório. Quando não ocorre uma transcrição, a excitação segue obedecendo às leis que vigoravam no período anterior. Freud se refere a essas sobrevivências de organizações anteriores como *fueros*, numa alusão a antigas leis espanholas ainda vigentes numa ou noutra província, apesar das leis atuais que as tornariam caducas. O recalcamento é concebido aqui como a recusa de uma tradução que geraria desprazer. O início de geração de desprazer provocado por uma tradução do material psíquico provocaria uma perturbação no pensamento e o trabalho de tradução não seria completado. Não se trata, portanto, de uma falha mecânica, mas de uma defesa. Freud concede, neste ponto, uma importância particular à sexualidade no mecanismo de recalcamento.

Fazendo uso da terminologia do *Projeto*, podemos dizer que aquilo que se repete como memória não é o *traço* entendido como algo sempre idêntico, mas, como afirma Derrida, "a diferença indiscernível e invisível entre os trilhamentos [*Bahnungen*]".[7] O que a repetição faz é acrescentar-se à Qη "reeditando a mesma impressão" e com isto mantendo o seu poder de trilhamento. Mas dizer que a repetição "acrescenta-se" à Qη não significa dizer que *primeiro* dá-se a impressão e *depois* a repetição; na verdade, a repetição é originária, ela já está presente desde o começo. Freud nos diz que "*as trilhagens servem à função primária*",[8] isto é, têm por objetivo evitar o acúmulo de Qη. Ocorre porém que o sistema de neurônios, sob pressão da necessidade da vida (*die Not des Lebens*), vê-se obrigado a suportar uma reserva (*Vorrat*) de Qη, e isto não é possível sem um sistema de neurônios impermeáveis. Portanto, não há função primária, num organismo

7 Derrida, J., op.cit., p.185.
8 *AE*, **1**, p.345; *ESB*, **1**, p.320; *AdA*, p.310.

complexo, sem a função secundária (fuga ao estímulo e ação específica). A memória (e portanto a repetição) não é propriamente secundária em relação à descarga que seria primária, ou, dito de outra maneira, não há primeiro a descarga (que seria "natural") e depois a repetição, entendida esta última como uma espécie de memória natural. Não há naturalismo aqui; a memória é, desde o começo, constituída pela "preferência do caminho", portanto, pela diferença: "é preciso atribuir a todo neurônio ψ vários caminhos de conexão com outros neurônios; portanto, várias barreiras de contato. Nisto repousa a possibilidade de escolha que é determinada pelo trilhamento."[9] Antes de qualquer tentativa de repetição do idêntico, o que ocorre é uma repetição diferencial. A memória não se acrescenta à vida para mantê-la. Repetição e diferença já estão presentes desde o começo.[10]

[9] Ibid.

[10] Dentre as várias abordagens posteriores que Freud faz sobre a memória, uma é de particular importância quanto à confirmação das idéias esboçadas na carta 52: trata-se da nota de pé de página acrescentada em 1907 ao último capítulo de *Psicopatologia da vida cotidiana* (*AE*, **6**, p.266n; *ESB*, **6**, pp.326-7n). Dessa nota podemos retirar o seguinte: 1) O material mnêmico está submetido à influência de dois mecanismos: a condensação (*Verdichtung*) e a deformação ou deslocamento (*Entstellung*). 2) Esses dois mecanismos atuam por longos períodos, o que faz com que o conteúdo da memória sofra um reordenamento ou uma reorganização (*Umgestaltung*). 3) Isto conduz a que se pense que é o tempo o responsável pelo caráter incerto das recordações. 4) Não há, contudo, função direta do tempo com respeito ao esquecimento. 5) *O inconsciente é totalmente intemporal* (isto é, ele não é submetido à temporalidade que rege o pré-consciente/consciente). 6) Todas as impressões se conservam da mesma maneira como foram recebidas e também sob as formas recebidas pelas articulações ulteriores. 7) Teoricamente, cada estado anterior do conteúdo da memória poderá ser restabelecido para a recordação ainda que todos os seus elementos tenham trocado seus vínculos originários por outros novos.

Bibliografia

André, S., *O que quer uma mulher?*, Rio, Zahar, 1987

Barros, C. P., "Thermodynamics and evolutionary concepts in the formal structure of Freud's metapsychology", in: S. Arieti, *The Word Biennial of Psychiatry and Psychoterapy*, N. York, Basic Books, 1970

____, "Contribuição à controvérsia sobre o ponto de vista econômico", in: *Psicanálise: problemas metodológicos*, Petrópolis, Vozes, 1975

Bergson, H., *Essai sur les données immediates de la conscience*, Paris, PUF, 1927

Birman, J., *Freud e a experiência psicanalítica*, Rio, Timbre/Taurus, 1989

____, (org.), *Percursos na história da psicanálise*, Rio, Taurus, 1988

Bleichmar, H., *Introducción al estudio de las perversiones*, B. Aires, Nueva Visión, 1980

Boring, E.G., *História de la psicología experimental*, México, Trillas, 1979

Bourguignon, A., *O conceito de renegação em Freud*, Rio, Zahar, 1991

____, et al., *Traduire Freud*, Paris, PUF, 1989

Brentano, F., *Psychologie du point de vue empirique*, Paris, Aubier, 1944

Cabas, A.G., *Curso e discurso da obra de Jacques Lacan*, S. Paulo, Moraes, 1982

Canguilhem, G., *Le normal et le pathologique*, Paris, PUF, 1966

____, *La formation du concept de réflexe*, Paris, PUF, 1955

Cottet, S., *Freud e o desejo do psicanalista*, Rio, Zahar, 1989

Deleuze, G., *Présentation de Sacher-Masoch*, Paris, Minuit, 1967

Derrida, J., "Freud e a cena da escritura", in: *A escritura e a diferença*, S. Paulo, Perspectiva, 1971

Didier-Weill, A., *Inconsciente freudiano e transmissão da psicanálise*, Rio, Zahar, 1988

Dilthey, W., *El mundo histórico*, México, FCE, 1945

Dor, J., *L'A-scientificité de la psychanalyse*, Paris, Ed. Universitaires, 1988

____, *Le pere et sa fonction en psychanalyse*, Paris, Point Hors Ligne, 1989 (Ed. bras.: *O pai e sua função em psicanálise*, Rio, Zahar, 1991)

Dreyfuss, J.-P., "Remarques sur *das Ding* dans l'Esquisse", in: *Littoral* n.6

Eco, U., *O signo*, Lisboa, Presença, 1977

Ey, H., *El inconciente* (Colóquio de Bonneval), México, Siglo XXI, 1970

Freud, S., *Gesammelte Werke* (18 vols.), Londres, Imago, 1952

____, *AE* (Amorrortu Editores), *Sigmund Freud — Obras Completas*, B. Aires, 1976

____, *ESB* (Imago), *Edição Standard Brasileira das Obras Psicológicas Completas de Sigmund Freud*, Rio, Imago, 1972-80

____, *Contribution à la conception des aphasies*, Paris, PUF, 1987

____, *Aus den Anfängen der Psychoanalyse*, Londres, Imago, 1950

____, *Vue d'ensemble des névroses de transfert*, Paris, Gallimard, 1986

Garcia-Roza, L.A., *Freud e o inconsciente*, Rio, Zahar, 1984

____, *O mal radical em Freud*, Rio, Zahar, 1990

____, *Acaso e repetição em psicanálise*, Rio, Zahar, 1986

____, *Palavra e verdade na filosofia antiga e na psicanálise*, Rio, Zahar, 1990

Gay, P., *Freud — uma vida para o nosso tempo*, S. Paulo, Companhia das Letras, 1989

Green, A. et al., *A pulsão de morte*, S. Paulo, Escuta, 1988

Hyppolite, J., "Commentaire parlé sur la *Verneinung* de Freud", in: J. Lacan, *Écrits*, Paris, Seuil, 1966

Jones, E., *Vida y obra de Sigmund Freud*, B. Aires, Paidos, 1960

Juranville, A., *Lacan e a filosofia*, Rio, Zahar, 1987

Lacan, J., *Écrits*, Paris, Seuil, 1966

____, *Le séminaire*, Livre 13. Inédito

____, *Le séminaire*, Livre 22. Inédito

____, *O seminário*, Livro 1, Rio, Zahar, 1983

____, *O seminário*, Livro 11, Rio, Zahar, 1979

____, *O seminário*, Livro 20, Rio, Zahar, 1982

____, *O seminário*, Livro 3, Rio, Zahar, 1985

____, *O seminário*, Livro 7, Rio, Zahar, 1988

____, *O seminário*, Livro 2, Rio, Zahar, 1985

____, *Radiophonie*, in: *Scilicet* 2/3, Paris, Seuil, 1970

Laplanche, J. e Pontalis, J.-B., *Vocabulaire de la Psychanalyse*, Paris, PUF, 1968

____, *Fantasia originária, fantasia das origens, origens da fantasia*, Rio, Zahar, 1988

Laplanche, J., *Nouveaux fondements pour la psychanalyse*, Paris, PUF, 1987

____, *Problématiques*, Paris, PUF, 1980

____, *Teoria da sedução generalizada*, P. Alegre, Artes Médicas, 1988

Laruelle, F., *Les philosophies de la différence*, Paris, PUF, 1986

Levin, K., *Freud: a primeira psicologia das neuroses*, Rio, Zahar, 1980

Manoni, O., *Freud e a psicanálise*, Rio, Ed. Rio, 1976

Martin-Santos, L., *Dilthey, Jaspers y la comprensión del enfermo mental*, Madri, Paz Montalvo, 1955

Masson, J.M. (org.), *A correspondência completa de S. Freud e W. Fliess (1887-1904)*, Rio, Imago, 1986

Mezan, R., *Freud: a trama dos conceitos*, S. Paulo, Perspectiva, 1982

____, "Metapsicologia/Fantasia", in: *Freud 50 anos depois*, Rio, Relume/Dumará, 1989 (org. J. Birman)

Miller, J.-A., *Percurso de Lacan*, Rio, Zahar, 1987

Monzani, L. R., *Freud — o movimento de um pensamento*, Campinas, Unicamp, 1989

Nasio, J.-D., *A criança magnífica da psicanálise*, Rio, Zahar, 1988

Nassif, J., *Freud l'inconscient*, Paris, Galilée, 1977

Ricoeur, P., *Da interpretação*, Rio, Imago, 1977

Rosolato, G., *Éléments de l'interpretation*, Paris, Gallimard, 1985

Rouanet, S. P., *A razão cativa*, S. Paulo, Brasiliense, 1985

Roudinesco, E., *História da psicanálise na França*, (2 vols.) Rio, Zahar, 1988 e 1989

Safouan, M., *Estudos sobre o Édipo*, Rio, Zahar, 1979

____, *L'échec du principe du plaisir*, Paris, Seuil, 1979

Stuart Mill, J., *Sistema de lógica inductiva y deductiva*, Madrid, Jorro, 1917

Verdiglione, A., "Matemática do inconsciente", in: Sigmund Freud — *A interpretação das afasias*, Lisboa, Edições 70, 1979

